러시아어 동사의 상

Вид глагола в русском языке

러시아어 동사의 상(Вид глагола в русском языке)

© 박혜옥, 2023

개정판 1쇄 인쇄__2023년 5월 20일
개정판 1쇄 발행__2023년 5월 30일

지은이__박혜옥
펴낸이__홍정표
펴낸곳__글로벌콘텐츠
　　　　등록__제25100-2008-000024호

공급처__(주)글로벌콘텐츠출판그룹
　　　　대표_홍정표 **이사**_김미미 **편집**_임세원 강민욱 백승민 권군오 **기획·마케팅**_이종훈 홍민지
　　　　주소__서울특별시 강동구 풍성로 87-6
　　　　전화__02) 488-3280 **팩스**__02) 488-3281
　　　　홈페이지__http://www.gcbook.co.kr
　　　　이메일__edit@gcbook.co.kr

값 15,000원
ISBN 979-11-5852-388-6 93790

러시아어 동사의 상

Вид глагола в русском языке

개정판

박혜옥 지음

글로벌콘텐츠

머리말

러시아어를 배울 때 가장 어려운 부분 중의 하나가 동사의 상(вид глагола)의 문제이다. 러시아어에는 하나의 뜻에 두 개의 다른 모양의 동사의 상이 존재한다. 즉 어휘적 의미는 같은데 각각 상적 의미가 다른 불완료상(НСВ), 완료상(СВ)이 있다. 또한 동사의 상의 선택은 문법적인 고려 외에, 상적인 의미, 말하는 사람의 의도, 나타내려는 양상적 뉘앙스에 주로 달려 있다. 그러기에 러시아어를 말할 때 러시아 동사의 상에 대한 고려가 없다면 자연스러운 의사소통이 어렵다고 말할 수 있을 정도로, 동사의 상은 러시아어에서 매우 중요한 부분을 차지한다.

이 책은 수년간의 러시아어 어학 강의 내용을 바탕으로 하여, 그동안 수집한 자료를 기반으로 이루어졌다. 따라서 이 책은 이러한 어려운 상의 문제를 학습자의 관점에서 되도록 쉽게 그러면서도 깊이 있게 이해할 수 있게 설명하고 있다.

1부에서는 상의 개념과 의미와 용법에 대한 이론적인 내용을 구문별, 시제별로 나누어 다루고 있다. 2부에서는 불완료상, 완료상의 형성에 관한 실제적인 동사의 예들을 보여준다. 1단계, 2단계 상의 형성, 불완료상-완료상 상의 짝의 목록, 상의 짝을 갖지 못하는 동사, 상의 짝이 아닌 의미의 첨가를 갖는 불완료상, 완료상 등에 관한 내용이 체계적으로 기술되어 있다. 이 책에서는 상과 시제는 간략하게 다루고, 상과 태의 문제, 운동동사와 관련된 상의 문제는 다루지 않는다.

이 책을 통해 학습자들이 러시아어 동사의 상에 대한 올바른 이해를 갖고, 러시아어에 대해 더 많이 알 수 있게 되기를 바란다. 이 책에 실린 러시아어 예문들을 감수해주신 Кулькова Р.А. 교수님께 감사드린다.

2023년 5월

박혜옥

목 차

머리말 ··· 5

1부_ 러시아어 동사의 상의 개념, 의미와 용법

1 러시아어 동사의 상의 개념 ······································· 11

  1. 동사의 상(вид глагола)이란? ······························· 11

  2. 상의 짝(видовая пара)이란? ······························· 12

  3. 불완료상과 완료상의 일반적 개념 ····················· 13

2 불완료상, 완료상의 의미와 용법 ··························· 18

  구문별로 본 상의 의미와 용법

  1. 명령문(императив)에서의 상의 의미 ················· 18

  2. 원형부정사(инфинитив) 구문에서의 상의 용법 ··········· 26

  시제별로 본 상의 의미와 용법

  1. 현재시제에서의 상의 의미와 용법 ····················· 35

  2. 과거시제에서의 상의 의미와 용법 ····················· 36

  3. 미래시제에서의 상의 의미와 용법 ····················· 44

2부_ 러시아어 동사의 불완료상, 완료상 만들기

1 불완료상, 완료상 상의 짝의 형성 ·· 61

    1. 불완료상에 접두사를 붙여 완료상 만들기 ······················· 61

    2. 접미사 변화에 따른 불완료상, 완료상 만들기 ··············· 69

    3. 어미 변화에 따른 불완료상, 완료상 만들기 ··················· 87

    4. 접두사와 접미사가 함께 변하는 불완료상, 완료상 만들기 ········· 89

    5. 불완료상, 완료상이 완전 다른 꼴 ··································· 90

2 의미에 따라 다른 상의 짝을 갖는 동사들 ································ 91

3 상의 짝을 갖지 못하는 동사 ·· 93

    1. 항상 불완료상으로만 쓰이는 동사 ································· 93

    2. 항상 완료상으로만 쓰이는 동사 ····································· 93

    3. 한 형태로 불완료상으로도 완료상으로도 다 쓰이는 동사 ········· 94

4 한 형태로 강세에 따라 불완료상, 완료상이 달라지는 동사 ········· 95

5 상의 짝을 이루는 2단계 불완료상, 완료상의 형성 ··············· 96

6 접두사나 접미사가 붙어 의미의 첨가를 이루는 완료상 ········· 99

    1. 접두사가 붙어 의미 첨가를 이루는 완료상 ··················· 99

    2. 접미사가 붙어 의미 첨가를 이루는 완료상 ··················· 107

    3. 접두사와 접미사가 붙어 의미 첨가를 이루는 완료상 ········· 108

참고: 러시아어 철자규칙 1, 2, 3 ·· 110

연습문제 ··· 111

연습문제 정답 ··· 138

1부

러시아어 동사의 상의 개념, 의미와 용법

§일러두기

본문 이하 러시아어 예문에서

1. 밑줄은 НСВ(불완료상)동사,

   진한 글씨는 СВ(완료상)동사로 구별하였음.

2. 문장이나 단어 앞의 * 표시는 비문법적임을 표시함.

러시아어 동사의 상의 개념 **1**

1 동사의 상(вид глагола)이란?

동사의 상(вид: 영어의 aspect)이란 동사에 의해 나타나는 행위, 사건, 상태가 시간을 거쳐 가며 어떻게 나타나는지를 표현하는 문법범주, 즉 진행, 완료 등의 행위양상을 나타내는 문법범주이다. 동사의 상은 가장 복잡한 문법범주 가운데에 하나로서 발화의 다양한 뉘앙스를 나타내주는 것이다.

특히 러시아어에 있어 상의 개념이 중요한 것은, 영어에서는 동사의 상이 형태소에 의해 나타나 있는 데 반해, 러시아어에서는 모든 동사들이 불완료상 혹은 완료상의 형태를 가지고 있다는 데 있다. 즉 영어에서는 진행상을 나타낼 때는 be동사 꼴에 -ing를 붙여서 이루어지며, 완료상은 have동사 꼴에 과거분사를 붙여 만들어지는 데 반해, 러시아의 대부분의 동사들은 어휘적 의미는 같은 각각의 동사가 상의 짝(НСВ-СВ)[1]을 가지고, 행위양상을 나타낸다는 것이다.

예를 들어 'He is reading a book.'은 진행의 의미로 '그는 책을 읽고 있는 중이다.'의 뜻인데 이를 러시아어로 바꾸면 'Он читает книгу.'이다. 'He has just read a book.'은 완료라는 상적 의미를 나타내며 '그는 막 책을 다 읽었다.'의 뜻이다. 이를 러시아어로 바꾸면 'Он только что прочитал книгу.'이다. 여기서 같은 "책을 읽다"의 의미를 지니고 있는 불완료상인 читать와 완료상인 прочитать가 각각 다른 상적 의미에 따라 쓰여지고 있음을 알 수 있다.

---

1) НСВ는 несовершенный вид, СВ는 совершенный вид의 약자로 각각 불완료상, 완료상을 나타낸다.

2 상의 짝(видовая пара)이란?

어휘적 의미(лексическое значение)는 같으나 불완료상/완료상이라는 문법적 상적 의미가 다른 두 동사를 상의 짝, 혹은 상의 쌍이라고 부른다.

러시아어의 대부분의 동사들은 완료상 아니면 불완료상 형태를 가지며 상의 짝을 형성한다.

불완료상	–	완료상
читать	–	прочитать
пить	–	выпить
строить	–	построить
решать	–	решить
рассказывать	–	рассказать
говорить	–	сказать
искать	–	найти
	…	

하지만 이러한 상의 짝을 갖지 못하고 항상 불완료상으로만 쓰이는 동사(весить, зависеть, значить, лежать, находиться, ожидать, отрицать, присутствовать, руководить, сидеть, состоять, стоить …)가 있으며, 항상 완료상(очутиться, понадобиться, скончаться …)으로만 쓰이는 동사, 하나의 형태로 불완료상으로도 완료상으로도 모두 쓰이는 동사(арестовать, воздействовать, использовать, обещать, реализовать …)가 있다.[2]

주의할 점은, 예를 들면 лежать-полежать 등[3]은 각각 불완료상-완료상으로,

---

2) 자세한 내용은 제2부 **3**을 참고하시오.
3) 접두사 по-가 붙어 '잠시'라는 의미 첨가를 나타내는 비슷한 예로 다음과 같은 것들이 있다.
   сидеть-посидеть, бегать-побегать, летать-полетать, беседовать-побеседовать,
   болеть-поболеть, болтать-поболтать, быть-побыть, гулять-погулять,
   руководить-поруководить, делать-поделать…

얼핏 보면 상의 짝처럼 보이나, 상의 짝이 아니라는 점이다. 그것은 полежать가 лежать의 완료상이기는 하지만 어휘적 의미 "눕다"에 по-라는 접두사가 붙어 '잠시'라는 의미의 첨가가 이루어져 어휘적 의미가 완전히 같다고 볼 수 없기 때문이다.

비슷한 예가 또 있다. говорить-заговорить도 상의 짝이라고 볼 수 없는데, 이는 заговорить가 불완료상 говорить에 접두사를 붙여 만들어진 완료상이기는 하지만 이때 접두사 за-는 '시작'의 의미 첨가가 이루어져 어휘적 의미가 같다고 볼 수 없기 때문이다.[4]

③ 불완료상과 완료상의 일반적 개념

불완료상과 완료상의 동사들은 기본적인 상적 의미에 있어 큰 차이를 보인다. 즉 불완료상은 행위의 진행, 과정(процессность), 지속성(длительность),[5] 반복을 나타내거나, 동사의 행위자체에 관심이 있는 상적 의미를 가지는 반면, 완료상은 총체성(целостность)[6]을 표현하거나, 행위동작을 제한하거나, 그 결과나 완료에 관심이 있거나, 행위의 일회성을 나타내는 상적 의미를 가진다. 대조적으로 사용되는 상의 일반적 의미를 보면 다음과 같다.

또한 이동동사 정태동사에 접두사 по-가 붙으면 '시작'의 의미가 첨가된다.
예) бежать-побежать, идти-пойти, лететь-полететь…
자세한 내용은 제2부 ❻을 참고하시오.

4) 자세한 내용은 제2부 ❻을 참조하시오.

5) 행위의 지속성(длительность)을 나타내는 부사, 즉 долго, 2 часа, 3 года, целый месяц… 등과 완료상과는 함께 쓰일 수가 없다. 단지 다음과 같이 접두사 про-가 붙어 '얼마동안'이라는 의미를 부가해 주는 완료상들(проболеть, пролежать, пробыть…)과 접두사 по-가 붙어 '잠시'라는 의미를 부가해 주는 완료상들(посидеть, поговорить, полежать…)은 이러한 지속성표시 부사와 같이 쓰일 수 있다.
예) Он долго проболел. Он целый месяц пролежал.
　　Он 20 минут посидел там. Он 30 минут поговорил с ней.

6) 총체성의 개념을 Бондарко А.В.(Вид и время русского языка.1971:17-20)는 완료상의 가장 기본 개념이라고 주장하고 있다. Бондарко는 총체성의 개념을 과정성과 대조되는 것으로 본다. 즉 총체성이란 행위가 시작되고 흘러가서 끝나는 과정 속에서 보는 것이 아니라, 전체가 응집되어 하나인 모양으로 행위를 보게 된다는 것이다.

1) НСВ 과정(진행): СВ 완료

불완료상 동사는 행위가 진행되고 계속되는 과정의 의미를 나타내는 반면, 완료 상의 동사는 행위를 한 덩어리의 총체적인 것으로 보아 그것이 완료되고 끝났음을 나타내준다. 다음의 예들은 이러한 상의 일반적인 의미에서 대조되는 개념에 따라 상이 문맥 속에서 어떻게 선택되어 사용되는지를 잘 보여준다.

> Рабочие <u>строили</u> школу 2 месяца, наконец они **построили** школу.
>
> 일꾼들은 두 달 동안 학교를 짓고 있었고, 결국 다 완공했다.

이 문장에서 불완료상 동사 строили는 진행의 의미("짓고 있었다")를, 완료상 동사 построили는 완료의 의미("다 지었다=완공했다")를 나타낸다.

> Ольга <u>читала</u> книгу час, а Игорь уже её **прочитал.**
>
> 올가는 한 시간 동안 책을 읽고 있는 중이나, 이고르는 벌써 그것을 다 읽었다.

이 문장에서 불완료상 동사 читала는 진행의 의미("읽고 있었다")를, 완료상 동 사 прочитал는 완료의 의미("다 읽었다=읽기를 마쳤다")를 나타낸다.

> Маша <u>переводила</u> текст 3 часа, а Юра его уже **перевёл.**
>
> 마샤는 본문을 3시간 동안 번역하고 있으나, 유라는 벌써 번역을 다 끝냈다.

이 문장에서 불완료상 동사 переводила(동사원형: переводить)는 진행의 의 미("번역하고 있었다")를, 완료상 동사 перевёл(동사원형: перевести)는 완료의 의미("다 번역했다=번역을 끝냈다")를 나타낸다.

2) НСВ 반복: СВ 일회성

불완료상 동사는 행위가 시간을 두고 반복되어 쓰이고 나아가 그것이 일반적 규칙, 습관으로 되는 상적 의미를 나타내는 반면, 완료상의 동사는 행위를 한 덩어리의 총체적[7]인 것으로 보아 그것이 반복되는 것이 아니고 한 번 일어난 것임을 나타낸다. 다음의 예들은 이러한 상의 일반적인 의미에서 대조되는 개념에 따라 상이 문맥 속에서 어떻게 선택되어 사용되는지를 잘 보여준다.

> Обычно дети <u>ложились</u> спать в восемь часов, а сегодня они **легли** в девять.
>
> 보통 애들은 8시에 잠자리에 드는데, 오늘은 9시에 잤다.

이 문장에서 불완료상 동사 ложились(동사원형: ложиться)는 빈도부사 обычно와 연결되어 반복의 의미를 나타내는 반면, 완료상 동사 легли(동사원형: лечь)는 오늘 한 번만 그랬다는 일회성을 나타낸다.

> Каждую неделю я <u>посылал</u> письма домой, и сегодня тоже **послал** большое письмо.
>
> 매주 나는 편지를 집으로 보내는데, 오늘 또 긴 편지를 보냈다.

이 문장에서 불완료상 동사 посылал은 빈도부사 каждую неделю와 함께 쓰여 반복의 의미를 나타내는 반면, 완료상 동사 послал은 일회성의 의미를 나타낸다.

---

7) 총체성의 개념은 다음의 반복표현에서 가장 잘 드러난다. 즉 이는 일반적 상 선택의 기본 의미대로 반복의 의미에는 불완료상을 쓰나, раз 등(несколько раз, не раз, дважды, трижды …)이 붙어, 행위가 반복되더라도 즉시 연속적으로 반복되어 각 행위가 같은 하나의 행위로 보여질 수 있어 그 전체를 총체적으로 볼 수 있을 때는 완료상의 동사를 사용할 수 있다는 것이다(суммарное значение СВ).
예) Я читал этот роман два раза.(반복이 즉시 이루어진 것이 아니다.)
    Я прочитал этот роман два раза.
    (반복이 즉시 연속적으로 이루어져 총체적으로 하나의 행위로 본다.)

> Каждое утро он <u>принимал</u> лекарство, а сегодня он **принял** его вечером.
>
> 매일 아침 그는 약을 먹곤 했는데, 오늘은 그것을 저녁에 먹었다.

이 문장에서 불완료상 동사 принимал는 빈도부사인 каждое утро와 함께 쓰여 반복의 의미를 나타내는 반면, 완료상 동사 принял는 일회성의 의미를 나타낸다.

3) НСВ 행위자체중심: СВ 결과중심

불완료상 동사는 행위자체가 일어났는지 아닌지 그 자체에 관심을 두는 상적 의미를 나타내는 반면, 완료상의 동사는 행위자체보다는 행위에 의한 결과에 관심을 두는 상적 의미를 나타낸다. 다음의 예들을 보자.

> A: Что вы <u>делали</u> вчера?
> 어제 뭐하셨어요?
>
> B: Я <u>решал</u> задачи.
> 과제문제를 풀었어요.
>
> A: Вы **решили** все задачи?
> 문제를 다 푸셨나요?
>
> B: Нет, я **решил** только одну.
> 아니오, 단지 하나의 문제만 풀었어요.

위 예에서 불완료상 동사 делали, решал은 행위자체에 중점을 둔 의미인 반면, 완료상 동사 решили, решил은 문제를 푼 결과에 중점을 둔 것을 알 수 있다.

> - Почему вы не <u>учите</u> стихи?
> 왜 당신은 시를 암송하지 않나요?

- А я уже их **выучил**.
  난 벌써 그것을 다 암송했으니까요.

위 예에서 불완료상 동사 учите는 행위자체 과정을 중심으로 하는 상적 의미를 나타내는 반면, 완료상 동사 выучил은 결과에 중점을 두고 있음을 나타낸다.

러시아어 동사는 위에서 설명한 상의 일반적 의미 외에, 다음과 같이 구문에 따라, 시제에 따라 각각의 경우에 특수한 상적 의미를 가지고 사용된다.

불완료상, 완료상의 의미와 용법　2

구문별로 본 상의 의미와 용법

1 명령문(императив)에서의 상의 의미

　명령문에서 상의 쓰임은 위에서 말한 상의 일반적 의미에 덧붙여 다른 많은 상적 의미에 따라 다양한 양상을 보인다. 또한 명령문에서 러시아어 동사는 긍정명령문과 부정명령문에서 각각 상의 쓰임이 다르다.

　긍정명령문에서는 보통 완료상이 많이 쓰이고, 불완료상의 동사가 사용되면 그 때는 특수한 상적 의미를 지니고 사용되고 있음에 주목해야 한다. 그것은 보통 긍정 명령문에서는 명령문의 성격상 그 자리에서 상대방에게 요청, 명령, 부탁 등을 해야 하는 것이기에, '일회성'이라는 상의 의미를 나타내는 동사의 완료상이 주로 사용 되는 것이다. 그러므로 일반적 상적 의미에서 '반복'의 의미를 나타낼 경우에만 불완료상이 쓰인다. 이것은 위에서 설명한 상의 일반적 의미 중 하나와 일맥상통한다.

　이외에도 다음의 경우에는 불완료상이 사용되어 명령문에서의 특수한 상적 의미를 지닌다.

- 행위의 시작을 부추길 때
- 공손한 표현, 초대할 때
- 앞에 나온 명령문을 비교급의 부사로 부연 설명할 때

한편 부정명령문에서는 대부분 불완료상의 동사가 사용되며, 완료상의 동사가 사용될 때 상의 특수한 의미를 나타낸다. 즉 그것은 어떤 행위를 하지 말라, 어떤 행위를 해서는 안 된다는 금지가 대부분의 부정명령문의 내용이기 때문이다. 하지만 이러한 의미가 아니라, 행위에 대한 경고(предостережение)나 위험(опасение)을 나타내기 위해서는 부정명령문에서 완료상이 사용된다.

이러한 명령문에서의 상의 특수한 의미들을 하나씩 구체적으로 예문을 들어가며 살펴보기로 하자.

Ⓐ 긍정명령문에서의 상의 의미

1) 반복(повторяемость)의 의미

다음과 같은 문장의 쓰임을 구체적인 상황을 들어 설명해보자.

엄마가 아이에게 우유를 주면서 "우유를 마셔라."라고 할 때 다음의 ①, ② 중 어떤 문장이 적절할까?

① Пей молоко!　　↔　　② Выпей молоко!

이 경우 위의 두 명령문 중에서 ②번의 완료상 동사로 된 문장이 적절하다. 명령문의 경우 ②번의 문장은 완료상의 일반적인 의미로 많이 쓰이는 '완료'의 의미를 담고 있지 않다는 것에 주목해야 한다. 그보다는 ②번의 문장은 그 순간에 엄마가 아이에게 "~해라"라고 명령, 요청하는 '일회성'의 의미를 가진 명령문인 것이다.

한편 엄마가 아이에게 "매일 아침 우유를 마셔라!"라고 한다면 이번에는 '반복'의 의미를 나타내는 불완료상의 동사가 쓰인 ①번 문장으로 다음과 같이 써야 한다.

Пей молоко каждое утро!

이처럼 긍정명령문에서는 명령문의 성격상 그 자리에서 상대방에게 일회적으로 행위를 하라고 하는 것이기에, '일회성'이라는 상의 의미를 나타내는 동사의 완료상이 주로 사용된다. 그러므로 긍정명령문에서 불완료상은 '반복'이라는 상적 의미를 담을 경우에만 쓰인다. 이것은 13쪽에서 설명한 상의 일반적 의미 중 하나와 일맥상통한다.

2) 행위의 시작 촉구

그런데 만약 '반복'이 아니라 '일회성'의 경우 불완료상의 동사가 긍정명령문에 쓰인다면 어떻게 된 것일까? 다음의 예를 보자.

> - **Выпей** молоко!
> - Я не хочу.
> - Ну, что ты! Это полезно. <u>Пей</u> , пожалуйста!

위는 엄마와 아이의 대화인데 위에서 엄마는 아이에게 "우유 마셔라!"라고 명령했지만, 아이가 원하지 않자, "우유는 몸에 이로운 거야, <u>어서</u> 우유를 <u>마셔라!</u>"하면서 '마시다(петь)'라는 행위의 시작을 부추기는 특수한 상의 의미가 불완료상으로 실현되고 있음을 알 수 있다.

다음과 같은 상황도 같은 맥락으로 불완료상의 동사가 긍정명령문에 쓰이고 있다.

아이들이 늦은 시간까지도 잠자리에 들지 않고 놀고 있을 때 아버지가 "벌써 10시야. <u>어서들 자라!</u>"라는 것을 러시아어로 옮기면 어떻게 될까? 이 때 우리는 앞에서 설명한 대로 불완료상의 긍정명령문에서의 '행위의 시작의 부추김'이라는 특수한 상적 의미를 나타낼 수 있는 불완료상의 명령꼴을 이용하여 다음과 같이 쓸 수 있다.

> Уже 10 часов. <u>Ложитесь спать</u>!

이때 완료상의 명령꼴인 лягьте(동사원형: лечь)를 사용하지 않고, 불완료상인 ложитесь를 사용하여 "이제 잘 시간이 되었으니(Пора спать!) 어서 자라"는 의미로 행위를 빨리 시작하라고 촉구하는 상의 특수한 의미가 나타난다.

다음 상황의 대화를 보자.

> A: Какая температура?
> B: Утром было 37.
> A: Как вы почувствовали себя утром? Надо было сразу лечь в постель.
>   **Разденьтесь**, пожалуйста, до пояса. <u>Раздевайтесь</u>.

병원에서 환자와 의사의 대화이다. 이 경우 완료상 동사의 명령꼴인 разденьтесь가 쓰였는데, 이는 병원에서 흔히 쓰이는 말로 "옷 벗으세요"의 말로 행위의 일회성을 나타내는 일반적 명령문이다. 대화의 마지막 문장에 쓰인 불완료상 동사의 명령꼴 Раздевайтесь은 환자가 옷을 빨리 벗지 않자 의사가 진찰을 위해 "어서 옷 벗으라"고 재촉함을 알 수 있다.

다음의 문장을 보자.

> ① Скажите, пожалуйста, где магазин 'Диета'?
> ② *Говорите, пожалуйста, где магазин 'Диета'?

길을 묻는 표현인 위의 두 문장 중 완료상의 동사 сказать로 된 명령꼴의 동사를 가진 ①은 보통 많이 사용되는 문장이다. 이 경우 불완료상의 동사 говорить의 명령꼴이 쓰인 ②를 바로 사용한다면 상대방에게 불편함을 느끼게 하는 문장이 되기에 잘 쓰이지 않는다. 왜 그런 것일까?

이는 위에서 설명한 긍정명령문에서 '행위의 시작의 부추김'이라는 특수한 상적 의미와 연관되어 있다. 즉 처음 보는 사람에게 길을 물을 때 위의 문장②는 "어서 말해주세요"라는 행위를 '어서 시작'하라는 부추김의 의미가 전달되어 자연스럽지 못한 문장이 되는 것이다.

한편 불완료상의 같은 명령꼴인 Говорите를 사용하는 것이 다음과 같은 경우에는 자연스러운데 왜 그런 것일까?

> A: **Скажите**, пожалуйтса, можно заказать разговор с Одессой?
> B: Пожалуйста, сейчас соединю. Минуточку! <u>Говорите</u>! ···

이것은 명령문에서의 상의 의미 중 '행위의 시작의 부추김'이 상황에 따라 구현되었기 때문에 이 상황에서 Говорите를 사용하는 것은 자연스럽다. 이 상황은 과거 국제전화를 걸기 힘들었던 시절에 전화를 교환수가 연결해주는 상황에서 A라는 손님의 요청에 전화 교환수인 B가 "(국제전화가 연결되었으니) 어서 말씀하세요"라고 말하는 상황이 되어서 지극히 자연스러운 대화가 된다. 이 때 명령문에서의 불완료상의 쓰임이 이러한 상적 의미를 잘 나타내준다.

3) 공손한 표현, 초대

다음과 같은 명령문에서도 일회성의 표현이라도 불완료상의 동사를 사용하는 것이 자연스럽다.

> ① - Здравствуйте, Раиса Александровна!
>   - Здравствуйте, рада вас видеть!

> Входите, раздевайтесь. Проходите в комнату.
> Садитесь, располагайтесь.
> ② - Можно позвонить домой?
> - Звоните, пожалуйста.
> ③ - Покажите, пожалуйста, мужские шарфы!
> - Пожалуйста, выбирайте.

위의 ①, ②, ③의 예문들에서 일회성의 명령문의 표현에서 불완료상의 동사를 사용하는 것이 완료상의 동사를 사용하는 것보다 공손한 표현이 되는데 그 이유는 무엇일까?

이 역시 위에서 설명한 명령문에서의 불완료상의 상적 특수한 의미 '행위의 시작의 부추김'이라는 개념으로 설명할 수 있다. 단지 앞의 설명과 다른 것은 위의 문장들은 화자가 하려고 의도하는 것, 하고 싶어 하는 것을 어서 하시라고 부추김으로써, 상대방에 대한 명령이 아니라, 오히려 상대방을 적극적으로 배려하는 표현이 되기에 공손한 표현이 된다는 것이다.

①에서 자기를 찾아온 사람에게 "어서 들어오세요(Входите), 어서 옷 벗으시고 방에 들어오셔서서(раздевайтесь. Проходите в комнату), 어서 앉으시고, 어서 편히 쉬세요(Садитесь, располагайтесь)"라는 상적 의미가 덧붙여져 공손한 표현이 된다.

②에서도 마찬가지로 전화를 사용하고 싶어하는 사람에게 "어서 전화하세요(Звоните, пожалуйста)."라고 행위의 시작을 부추기는 것은 상대방이 하고 싶은 행위를 어서 하라고 하는 지극히 공손한 표현이다. 이 경우 만약 완료상(Позвоните)으로 답했다면 "전화하세요"라고 객관적으로 전화 거는 것을 허락하는 표현으로, 기꺼이 전화하라는 "어서 전화 거시라"고 하는 표현과는 공손함에 차이가 있다.

③은 상점에서의 대화인데 남성용 목도리를 보여 달라는 손님의 말에 불완료상인 выбирайте를 사용하여 상적 의미를 덧붙임으로써 '어서 골라보시지요'의 뜻이 되어 물건을 골라보고 싶은 손님의 의도를 파악해 그 행위를 어서 하라는 공손한 표

현이 된다. 만약 이 때 완료상 выберите을 사용했다면 그저 '골라보세요'의 뜻으로 불완료상을 사용했을 때와는 달리 공손함을 느끼지 못하게 된다.

4) 앞에 나온 명령문을 비교급의 부사로 부연 설명

앞에 명령문이 나오고, 이것을 다시 부사 특히 성질부사(качественное наречие) 등을 비교급으로 붙여 다시 설명할 때는, 행위의 수행을 어떻게 해야 하는지 그 방법이나, 과정이 중요하게 된다. 이 경우는 행위의 결과는 중요치 않게 되기에 이 역시 불완료상의 동사를 사용한다.

다음의 예문에서 줄친 부분 역시 반복상이 아닌 일회적인 명령을 나타내는 긍정 명령문인데도 불구하고 불완료상이 쓰인 경우이다.

Скажите, пожалуйста, что вы думаете.
Говорите громче.

Откройте окно. Только открывайте окно осторожнее:
на улице сильный ветер.

Спускайтесь медленнее: лестница очень крутая.

앞에 나온 명령문을 부사로 부연 설명 시, 행위의 결과가 중요치 않고 행위 수행 방법이 중요할 때 불완료상의 동사가 사용된다. 이것은 앞(❶-3)에서 설명한, 행위의 결과보다는 행위자체에 관심이 있고, 과정을 나타낼 때 불완료상을 사용한다는 상의 일반적 의미와 맥을 같이 한다.

Ⓑ 부정명령문에서의 상의 의미

긍정명령문에서 일반적으로 완료상의 동사를 사용하는 반면, 부정명령문에서는 보통 불완료상의 동사를 사용하여 '어떤 행위를 하지 말라'는 행위에 대한 금지를 나타낸다.

Вымой руки.(긍정명령문) → Не <u>мой</u> руки.(부정명령문)
　　"손 닦아." 　　　　　　　　　　 " 손 닦지 마라"

Открой дверь.(긍정명령문) → Не <u>открывай</u> дверь.(부정명령문)
　　"문 열어." 　　　　　　　　　　 " 문 열지 마라."

한편 다음과 같이 부정명령문인데도 완료상의 동사가 사용되면 이 경우 행위에 대한 경고(предостережение), 위험(опасение)이라는 상의 특수한 의미가 나타난다. 다음 예를 보자.

На улице скользко. Не **упади**!

이 경우는 완료상의 동사 упасть의 명령꼴인 упади를 사용하여 길이 미끄러우니 넘어질까 걱정된다는 뜻의 "넘어질라!(=넘어질까 걱정된다!)"의 의미를 가진다. '넘어져서는 안 돼'라는 금지의 의미가 아님을 주의해야 한다.

Не **потеряй** деньги!

위 예에서 동사의 상을 불완료상으로 바꾸어 Не <u>теряй</u> деньги!라고 했다면, "돈을 잃어버려선 안 돼"의 뜻으로 금지를 나타낸다. 하지만, 완료상의 동사 потерять의 명령꼴인 потеряй를 사용함으로써 "돈 잃어버릴라…(돈을 잃어버릴

까 걱정된다.)"의 의미를 나타내게 된다.

이와 같이 부정명령문에서 완료상의 동사가 쓰이면 이는 바람직하지 못한 행위에 대한 경고, 위험을 나타내어 그러한 행동이 아무도 의도적으로 행하지 않는 비바람직한 행동임을 나타내게 된다.

2 원형부정사(инфинитив) 구문에서의 상의 용법

원형부정사구문이란 동사원형이 사용되는 구문을 말하는데 양상조동사(надо, можно, необходимо, нужно, нельзя …) 뒤에 쓰이는 동사원형이라든가, 동사구문에서 본동사 뒤에 사용되는 동사원형, 나아가 한 문장의 술어에 동사활용을 하지 않은 동사원형이 그대로 쓰이는 독립원형부정사 구문[8]의 쓰임을 말한다.

동사원형으로 쓰이는 동사의 상 역시 앞에서 설명한 상의 일반적 의미에 따라 상을 선택한다.

어휘적 의미가 비슷해 보이는 다음의 문장을 보자.

> ① Мне надо <u>писать</u> письмо.
> ② Мне надо **написать** письмо.

①은 불완료상이 ②는 완료상의 원형동사가 사용되어, 두 문장은 기본 어휘적 의미는 같으나 상의 차이에서 오는 상적인 의미 차이를 가진다. 즉 ①은 불완료상의

---

8) 독립원형부정사구문이란 동사원형이 문장의 어느 요소에도 종속되어 쓰임이 없이, 독자적으로 주어나 서술어 등의 문장의 주요소가 되는 경우이다. 예로 <u>Писать</u> книги неприятно. 이 문장은 원형부정사 писать가 단독으로 쓰여 주어의 역할을 하는 독립원형부정사구문인데, 여기서 불완료상인 писать와 완료상인 написать 중 어떤 상을 쓸 것인가의 문제는 상적 의미와 그 쓰임에 달려 있어, 여기서는 불완료상 동사를 씀으로써 일반적 사실을 언급하고 있다. 다음의 예에서도 이와 같은 상적 의미가 잘 드러난다. Мне умереть не страно, а страшно умирать(완료상인 умереть는 결과를, 불완료상인 умирать는 과정을 나타낸다).

일반적 의미인 행위자체에 관심이 있을 때로서 결과 달성 여부는 중요치 않고, 행동 자체를 언급하여 "나는 편지를 쓸 필요가 있다."는 의미이다. 한편 ②는 결과에 초점이 되어 있는 완료상의 상적 의미가 구현되어 "편지를 다 써야할 필요가 있다."는 결과 달성의 의미가 표현된다.

　이처럼 상의 일반적 의미에서와 마찬가지로 원형부정사구문에서도 반복의 의미로 쓰여지거나, 행위에 대한 결과가 중요치 않을 때는 불완료상이, 일회성이나 결과를 나타낼 때는 완료상이 쓰인다. 그 외에 원형부정사구문에서의 상의 특수한 의미와 용법은 다음과 같다.

Ⓐ 불완료상의 원형부정사를 쓰는 구문

1) 국면동사(фазовые глаголы)

　국면동사(상황의 전개에 따른 국면, 즉 시작, 계속, 끝을 나타내는 동사) 뒤에서는 항상 불완료상의 동사원형만이 쓰인다.

　начинать/начать, продолжать/продолжить, кончать/кончить 등의 뒤에서는 불완료상의 원형동사만을 써야 한다. 이 경우 완료상의 원형동사를 쓰면 다음의 예에서 보듯 비문법적인 문장[9]이 된다.

> 　Он *начал* <u>писать</u>.
> *Он *начал* **написать**.
> 　Я *продолжаю* <u>изучать</u> русский язык.
> *Я *продолжаю* **изучить** русский язык.
> 　Она *кончила* <u>читать</u>.
> *Она *кончила* **прочитать**.

---

9)　비문법적 문장은 문장 앞에 *표시를 붙여 나타낸다.

2) 의미상 국면동사(фазовые глаголы)

의미상 국면동사와 비슷한 다음에 열거한 동사 뒤에서도 불완료상의 원형부정사만이 쓰인다. 이러한 동사들은 의미상 시작하고, 계속하고, 끝내는 의미를 함축하고 있기에 국면동사의 용법과 같이 사용된다. 이 경우 이러한 동사 뒤에 완료상의 원형부정사가 오면 위에서와 마찬가지로 비문법적 문장이 된다.

приняться(+за что, инф.착수하다)

учиться/научиться(학습하다)

любить(좋아하다)/полюбить(좋아하기 시작하다)

стать(…이 되다. 시작하다)

привыкать/привыкнуть(습관이 들다)

бросать/бросить(버리다)

разучиваться/разучиться(배운 것을 잊다)

расхотеть(좋아하던 것이 없어지다.)

раздумывать/раздумать(생각을 바꾸다. 단념하다)

передумывать/передумать(다시 생각하다. 생각을 고쳐먹다)

отвыкать/отвыкнуть(습관이 없어지다)

надоедать/надоесть(싫증나서 안 하게 되다),

уставать/устать(지쳐서 안 하게 되다),

запрещать/запрети́ть(금하다, 말리다.),

отговаривать/отговорить (말로 설득해서 못하게 하다)

переставать/перестать(중지하다, 그만두다),

прекращать/прекрати́ть(중지하다, 폐지하다)

Я сел и *стал* ждать.

*Я сел и *стал* **подождать**.

Старик *отвык* много разговаривать(***разговорить**) с людьми.

Саша *бросил* решать(*__решить__) кроссворд.

Нина *расхотела* писать(*__написать__) письмо другу.

Телефон наконец *перестал* звонить(*__позвонить__).

예를 들어 Нам *надоело* напоминать(*напомнить)вам о вашем обещании. (우리는 당신의 약속에 대해 당신에게 상기시키는 데 싫증이 났다)라는 이 문장은 '이제부터는 더 이상 그런 행동하지 않겠다'는 의미이기에 국면동사 '끝나다'와 비슷한 의미를 갖게 되어, 그 뒤에 원형부정사는 이처럼 불완료상인 напоминать만을 사용해야하는 구문이다.

Он *привык* рано вставать(*__встать__).
일찍 일어나는 습관이 들었다.

이 문장에서 "습관이 들었다"라는 것은 '이제부터 그러한 행동을 시작되게 되었다.'라는 의미가 되므로 국면동사의 '시작하다'의 의미와 유사하게 되어 불완료상의 원형부정사만을 사용해야하는 구문이다.

Мы *передумали* отправлять(*__отправить__) телеграмму.
전보 보내는 것을 다시 생각해보고 안 보내게 되었다.

이 문장에서 "다시 생각해보고 안 보내게 되었다"는 국면동사 '끝나다'와 비슷한 의미가 되어 불완료상의 원형부정사만을 사용해야 하는 구문이다.

참고로 앞의 동사들의 목록에서 빠져 있는 다음의 동사의 쓰임에 주의해야 한다.

1. приниматься 뒤에는 문맥에 따라 불완료상도, 완료상의 원형부정사도 올 수 있다.

> Каждый раз я *принимался* <u>писать</u> книгу. (О)
> 매번 책 쓰기를 시작했다.
>
> Я *принимался* **закончить** картину, но каждый раз
> откладывал. (О)
> 그림을 완성해보려고 시작했으나, 매번 연기했다.

2. стать의 불완료상인 становиться 뒤에는 원형동사가 올 수 없다.

위에 설명한 (1)국면동사와 (2)유사 국면동사의 경우는 문법적 차원에서 상의 쓰임이 정해져 있어, 완료상을 사용하게 되면 비문법적인 문장이 됨을 주의해야 된다.

3) 행동의 시작을 부추길 때

명령문에서의 상의 특수한 의미에서 설명했듯이 행동의 시작을 부추길 때 원형부정사구문에서도 불완료상의 원형동사가 온다.

> Обед на столе   -   пора <u>обедать</u>(=будем обедать).
> 식탁에 점심이 있다   -   점심 먹을 시간이다(어서 점심 먹자).
>
> Мы опаздываем в театр, пора <u>одеваться</u>.
> 우리는 극장에 늦는다, 옷 입을 시간이다.

4) 불가피성, 필요성 표시

독립부정사구문에서 다가올 행동에 대한 불가피성을 나타낼 때는 불완료상의 동사만을 쓴다.

Чего тут обьяснять?
  여기서 무엇을 설명해야만 하나요?/설명할 필요가 있나요?

На следующей остановке нам выходить.
  우리는 다음 정류장에서 내려야만 해요.

5) 불필요성, 무의도성, 금지

행위가 필요하지 않거나. 의도되지 않거나, 금지를 충고처럼 말할 때 이러한 의미를 나타내는 다음과 같은 동사 뒤에 불완료상의 동사원형을 사용한다.

не стóит(···할 필요, 가치가 없다), не нáдо(···할 필요가 없다), не нýжно(···할 필요 없다), нéзачем(···할 필요가 없다), не полагáется(당연히···해서는 안 된다), не слéдует(···해서는 안 된다), не намéрен(···할 의도가 없다, ···할 계획이 없다) 등.

Так поступать *не полагается*.
  당연히 그렇게 처신해서는 안 된다.

Незачем говорить ему об этом!
  그에게 이것에 대해 말할 필요가 없어!

Я *не намерен* читать эту книгу.
  나는 이 책을 읽을 계획이 없다.

Ⓑ 완료상의 원형부정사를 쓰는 구문

1) 결과표시 동사 뒤

행위에 대한 완료, 분명한 결과표시를 나타내는 다음과 같은 동사 −забыть,

успеть, остаться, удаться[10) 뒤에서는 완료상의 원형동사만이 사용된다.

Я *забыл* **послать**(*<u>посылать</u>) другу поздравления с днём рождения.

(…하는 것을 잊어버렸다.)

Туристы *успели* **сесть**(*<u>садиться</u>) на последний автобус.

(가까스로 …하다)

Мальчику *осталось* **прочитать**(*<u>читать</u>) всего две страницы.

(…하기만 하면 된다.)

Мне *удалось* **достать**(*<u>доставать</u>) билеты.

(…하는데 힘들게 성공했다.)

이 경우 또한 문법적 차원에서 상의 쓰임이 정해져 있어, 불완료상을 사용하게 되면 비문법적인 문장이 된다는 점에 주의해야 한다.

2) 잠재적 가능성의 표시

잠재적 가능성을 말할 때는 완료상의 원형동사가 온다.

Он всегда может вам всё **объяснить**.

그는 항상 당신에게 모든 것을 설명할 수 있는 가능성이 있다.

На экскурсию можете **взять** фотоаппарат.

견학 갈 때 당신은 사진기를 가져갈 수 있습니다.

마찬가지로 독립부정사구문으로 된 의문문에서도 화자가 행동이 어떻게 이루어질 수 있는지를 물을 때도 역시 가능성 타진을 표시하므로 완료상의 동사를 쓴다.

---

10) 각각의 동사의 불완료상인 забывать, успевать, оставаться, удаваться뒤에서는 원형동사를 쓸 때 불완료상도, 완료상도 올 수 있음에 주의한다.

  예) Я успевал <u>садиться</u> на последний автобус. (О)

  Я успевал **сесть** на последний автобус. (О)

Как **доехать** до центра?(= Как можно **доехать** до центра?)
시내중심까지 어떻게 갈 수 있을 까요?

ⓒ 불완료상이나 완료상 둘 다 사용할 수는 있으나, 상적 의미가 다른 경우

1) хотеть 뒤의 원형부정사의 상

хотеть동사 뒤의 원형부정사 구문에서 일반적인 소원을 나타낼 때 긍정문이나 부정문에서나 모두 동사의 불완료상을 쓴다.

хотеть   +   инф.(НСВ)
не хотеть   +   инф.(НСВ)

Я *хочу* всегда <u>покупать</u> обувь в этом магазине.
Я *не хочу* <u>покупать</u> обувь в этом магазине.(Он мне не нравится. Не уговаривай меня.)

한편 일시적이고 구체적인 소원일 경우는 긍정문에서는 хотеть 뒤에 완료상의 원형부정사가, 부정문에서는 불완료상의 원형부정사가 사용된다.[11]

хотеть   +   инф.(СВ)
не хотеть   +   инф.(НСВ)

Я *хочу* **купить** вот эти белые туфли сегодня.
Я *не хочу* <u>покупать</u> чёрные туфли.

---

11) Аксёнова М.П.(1999) Русский язык по-новому часть1 с.417에서는 구체적인 일시적인 소원을 나타내는 의문문일 경우는 НСВ는 물론이고, не хотеть + СВ.도 가능하다고 설명한다.
예) Почему ты не хочешь прочитать(читать) эту статью?

Я *хочу* пить.

(일반적으로) 목마르다.

Я *не хочу* пить.

(일반적으로) 목마르지 않다.

Я *хочу* **выпить** этот стакан чая.

(구체적인) 이 차를 마시고 싶다.

Я *не хочу* пить этот стакан чая.

(구체적) 이 차를 마시고 싶지 않다.

2) нельзя 뒤의 원형부정사의 상

нельзя 뒤에 불완료상 동사가 오면 금지의 의미이나, 완료상동사가 오면 불가능의 의미가 된다.

Нельзя открывать дверь.

열어서는 안 된다.

Нельзя **открыть** дверь. Она заперлась.

문이 자물쇠가 채워져 있어서 열 수가 없다.

Эти грибы *нельзя* есть: они ядовитые.

버섯이 독이 있어서 먹어서는 안 된다

Все грибы сразу *нельзя* **съесть**: их слишком много.

모든 버섯을 바로 먹을 수가 없다, 너무나 많아서.

Многие книги для взрослых детям читать *нельзя*.

성인용 많은 책들을 애들이 읽어서는 안 된다.

Прочитать книги *нельзя*: в комнате темно.

방이 어두워서 책을 읽을 수가 없다.

시제별로 본 상의 의미와 용법

러시아어에서는 상의 개념이 어휘의미-형태론적 범주 내에 밀착되어 있고 시제와도 밀접하게 연결되어 있다. 러시아어의 시제에 대해서는 이 책에서는 자세히 다루지 않고, 상과 연결된 부분에서 상적 의미를 중심으로 설명하고자 한다.

1 현재시제에서의 상의 의미와 용법

불완료상 동사는 과거, 현재, 미래시제를 나타낼 수 있는 반면, 완료상의 동사는 과거, 미래시제는 있으나, 현재시제가 없다. 즉 불완료상 동사의 활용꼴은 현재시제이지만, 완료상 동사의 활용꼴은 미래시제가 된다.

> Я читаю журнал.(불완료상동사 читать활용-현재)
> Я прочитаю журнал.(완료상동사 прочитать활용-미래)

이는 불완료상의 상적 의미가 행위가 진행되고 흘러가는 과정성(процессность)을 나타내는 반면, 완료상은 이러한 과정성을 나타낼 수 없다는 기본적인 상적 의미에 기인한다.

그러므로 러시아어에서는 행위에 대해 말하고 있는 순간에 실행되어지고 있는 행위를 나타내는 현재의 의미를 표현하기 위해서는 불완료상의 동사만이 쓰여, 행위가 지속되고 있는 진행, 과정, 반복, 규칙성 나아가 다음과 같은 자연현상, 사물의 속성, 일반성을 나타내기도 한다.

Я сейчас <u>читаю</u> книгу.

나는 지금 책을 읽고 있다.(현재진행, 과정)

Я часто <u>получаю</u> пимьма.

나는 자주 편지를 받는다.(반복)

Она всегда <u>отдыхает</u> после обеда.

그녀는 항상 점심식사 후에 휴식한다.(규칙성)

Земля <u>вращается</u> вокруг солнца.

지구는 태양의 주위를 회전하다.(자연현상)

Это ткань не <u>мнётся</u>.

이 천은 구겨지지 않는다.(속성)(нсв. мять동사-구겨지다)

Люди без причины не <u>умирают</u>,-сказал доктор.(Чехов. Следователь에서)

사람들은 원인 없이 죽지 않는다.(일반성)

다음과 같은 속담, 격언에서도 불완료상 동사가 쓰여 일반성을 나타낸다.

Смелость города́ <u>берёт</u>.

직역: 대담성은 도시들을 가져간다(얻는다).– 겁 없고 우둔한 것이 범 잡는다.(일반성)(동사원형 брать)

Кто пораньше <u>встаёт</u>, тому Бог <u>подаёт</u>.

더 일찍 일어나는 자에게 하나님이 기회를 주신다.(일반성)

(동사원형 вставать, подавать)

2 과거시제에서의 상의 의미와 용법

과거시제에서도 다른 시제에서와 마찬가지로, 앞([1] 3.)에서 설명했던 상의 일반적인 의미가 나타난다. 즉 과정, 진행, 반복, 행위자체에 관심이 있을 경우는 불완료상이 쓰이고, 완료, 일회성, 결과에 관심이 있는 경우는 완료상이 쓰인다.

Я <u>готовился</u> к экзамену час.(진행)

Я **подготовился** к экзамену.(완료)

Вы вчера <u>заказывали</u> билеты?(행위자체에 관심)

- Да, **заказал**.(완료)

Обычно он <u>вставал</u> очень рано.(반복)

Сегодня он **встал** поздно.(일회성)

Что ты <u>делал</u> вчера вечером?(행위자체에 관심)

- <u>Писал</u> письмо брату.(행위자체에 관심)

Я ещё не **написал** письмо.(결과에 관심)

이러한 일반적 의미 외에 과거시제에서는 상에 따라 특수한 의미가 구현되는데 이는 다음과 같다.

(A) 과거시제 불완료상의 특수한 의미

.

1) 행위에 대한 단순한 명명(констатация факта)

이는 어떠한 행위가 과거에 있었다는 것을 단순히 언급하는 의미로 "… 해 본 적 있다."라는 해석에 적합한 표현이다. 이러한 상적 의미는 반복이 아닌 일회성이라도 행위자체에 관심을 가지고 행위가 과거에 있었음을 말할 때 사용되며, 과거시제에 서는 불완료상으로만 구현된다. 이것을 '행위명명'이라고 한다.

한편 이 경우 행위명명보다 행위의 결과를 강조할 때는 과거시제의 완료상의 동사12)가 사용된다.

- Вы <u>читали</u> эту книгу?

　읽어 본 적 있어요?

- Да, <u>читал</u>.

　네, 읽어본 적 있어요.(행위명명)

Я **прочитал** эту книгу.

　나는 책을 다 읽었어요.(결과 강조)

Спасибо, мы уже <u>пили</u> чай.

　차 벌써 마셨어.(행위명명)

Мы **выпили** стакан чаю.

　차 한 잔 다 마셨어.(결과 강조)

- Вы <u>принимали</u> лекарство?(행위명명)

- Нет, ещё не <u>принимал</u>.

　약 아직 못 먹었어.(행위명명)

- Я **принял** лекарство.

　약 다 먹었어.(결과 강조)

그러므로 이러한 용법으로 과거시제 불완료상이 쓰인 문장은 다음의 예처럼 '**быть** +추상명사'로 바꾸어 볼 수 있다.

В понедельник профессор Орлов <u>читал лекцию</u>.

= В понедельник <u>была лекция</u> профессора Орлова.

---

12) 결과달성에 대한 의심을 표현할 때는 불완료상을 사용한다.

　예) Я не знаю, когда отходит <u>поезд</u>. Спроси Бориса. Он <u>узнавал</u>.

　(그가 알아보았다.)–결과가 불확실한 데 대한 의심을 표현.

　Борис **узнал**, что поезд отходит в 10 часов.(바리스는 알았다.)–결과가 명확함.

　예) Мы <u>опаздывали</u> на поезд.(늦겠다)–결과가 불확실한 데 대한 의심을 표현.

　　Мы **опоздали** на поезд.(늦었다)–결과가 명확함.

> Вчера школьники <u>писали контрольную работу</u>.
> = Вчера у школьников <u>была контрольная работа</u>.

다음의 예들은 이를 잘 보여준다.

> - Вчера у хирурги <u>был приём</u>?
> - Да, вчера он <u>принимал</u>(больных).
>
> - На вашей кафедре уже <u>было обсуждение</u> этого учебника?
> - Да, мы его уже <u>обсуждали</u>.

2) 결과의 무효화(значение аннулированности результата)

과거시제 불완료상은 과거에는 행위가 있었으나 발화시에는 그 행위의 결과가 남아있지 않고 없어져 다시 원래로 돌아갔음을 의미하는, 결과를 무효화시키는 상적 의미를 나타낸다. 주목할 점은 모든 동사가 이러한 상적 의미를 갖지는 못한다는 것이다.

다음과 같이 의미상 반대(예로 надевать ↔ снимать, поднимать ↔ опускать, открывать ↔ закрывать, приходить ↔ уходить, приезжать ↔ уезжать …)가 되어, 결과를 다시 되돌려 없었던 걸로 하거나, 왔던 길을 다시 돌아가는 의미를 갖고 있는 동사들의 과거시제 불완료상만이 이러한 '결과의 무효화'라는 상적 의미를 지닐 수 있다.

брать/взять, включать/включить, вставать/встать,
выключать/выключить, давать/дать, закрывать/закрыть,
засыпать/заснуть, ложиться/лечь, надевать/надеть,

открывать/открыть, подниматься/подняться,

просыпаться/проснуться, садиться/сесть,

спускаться/спуститься, снимать/снять, приходить/прийти,

приезжать/приехать …

한편 이러한 역전 가능한 동사의 과거시제 완료상은 과거의 결과가 발화시점까지도 계속 남아있을 때 사용한다.

예를 들어, 방에 들어 가보니 현재 방의 창문은 닫혀져 있는 상태인데도 방 안이 추울 때, 그 방에 있던 상대방에게 다음 두 문장 중 어떻게 질문하여야 자연스러울까?

> 예1) Вы <u>открывали</u> окно?
> 예2) Вы **открыли** окно?

이 경우는 예1)로 불완료상의 동사를 사용해서 답해야 자연스러운 문장이 되고, 만약 예2)처럼 완료상의 동사를 사용하면 아주 어색한 질문이 된다. 그 까닭은 무엇일까?

이는 불완료상 동사의 과거시제는 결과를 무효화시키는 상적 의미를 지니기에 예1)은 현재 창문은 닫혀 있으나 "네가 창문을 열었었니?"라고 묻는 질문이 되기 때문이다.

한편 이 경우 완료상을 사용한 예2)는 현재 창문은 닫혀 있는데 "창문을 네가 열어 놓았니?"라고 묻게 되기에 상황에 맞지 않는 아주 어색한 질문이 된다.

그러기에 과거시제로 된 다음의 문장들은 이러한 상적 의미의 차이를 지닌다.

> Он <u>открывал</u> окно.
>
> (과거에 열었으나, 현재는 창문이 닫혀있는 상태이다.)
>
> Он **открыл** окно.
>
> 그는 창문을 열어 놓았다.(발화시점에도 창문이 열린 상태로 있다.)

마찬가지로 다음 예 3), 4)의 상적인 의미차이를 보자.

> 예3) Летом к нам <u>приезжал</u> отец.
>
> 예4) Летом к нам **приехал** отец.

동사의 불완료상이 쓰인 예3)에서는 아버지가 여름에 우리에게 오셨다가 가셨음을 나타내는 반면, 동사의 완료상이 쓰인 예4)에서는 아버지가 여름에 오셔서 지금까지도 우리와 함께 계심을 나타내게 된다.

방에 들어가 보니 다리미가 코드가 연결되어 있지 않는데도 다리미 표면이 따뜻한 경우, 다음 두 문장 중 어떤 문장의 사용이 자연스러울까?

> 예5) Вы <u>включали</u> утюг?
>
> 예6) Вы **включили** утюг?

이 경우 역시 "(지금은 다리미가 꺼져 있지만) 네가 다리미 켰었니?"라고 지금의 결과를 무효화시키는 상적 의미를 나타낼 수 있는 문장은 불완료상 과거 동사를 사용한 위의 예5) 문장임을 알 수 있다. 이 상황에서 예6)의 문장은 너무나 어색한 문장이 된다.

한편 방에 들어갔는데 다리미가 연결되어 켜져 있을 경우는 반대로 결과를 그대로 유지시키는 완료상 과거 동사를 사용하여 묻는 예6)의 문장이 더 자연스러운 질문이 된다.

Ⓑ 과거시제 완료상의 특수한 의미

1) 과거에 시작한 행위가 현재까지 계속 존재함을 표시

　과거시제 완료상은 행위가 과거에 존재해서 현재까지도 계속 존재함을 표시하는 상적 의미를 지닌다. 이는 앞에서 설명한 역전 가능한 동사뿐만이 아니라 특히 다음과 같은 정신적, 물리적 상태를 표시하는 동사에서도 나타난다. 이러한 동사들은 불완료상에 접두사가 붙어 완료상이 되어 '시작'의 의미를 나타내게 되어, 완료상을 쓰면 과거에 그 행위가 시작되어 지금까지 지속되고 있음을 나타낸다.

любил	–	полюбил
нравился	–	понравился
сердился	–	рассердился
хотел	–	захотел
чувствовал	–	почувствовал
	…	

> В детстве мне <u>нравились</u> эти стихи.
> 　(과거에 좋아했었다. –현재는 어떤지 모름)
>
> Мне **понравились** эти стихи.
> 　(과거에 좋아하기 시작하여 지금까지 좋아하고 있다.)
>
> Вчера он <u>сердился</u>.
> 　(과거에 화가 났었다. –현재는 어떤지 관심이 없음)
>
> Осторожно! Он **рассердился**.
> 　(과거에 화나기 시작하여 지금도 화가 나있음.)

　반면에 이러한 동사들의 과거시제 불완료상은 과거시점에 대한 언급만을 하게 되어 발화시점에는 더 이상 존재하는지 어떤지 관심이 없음을 나타낸다.

- Почему ты не был на заниятии вчера?
- Я <u>болел</u>.

- Как ты себя чувствуешь?
- Я **заболел**.

위의 예에서 болел은 과거에 아팠다는 것을 나타내며 현재는 이야기하고 있지 않는 반면, заболел은 과거에 아프기 시작하여 지금까지 아프다는 것을 나타낸다.

2) 사전에 언급·계획·의도·동의된 것의 결과로서의 행위 실행

과거시제 동사의 완료상은, 행위가 있었는지 없었는지 그 사실 확인을 위한 과거시제 불완료상의 행위명명 기능과는 달리, 사전에 언급·계획·의도·동의된 것의 결과로서 그 행위가 실행이 되었는지를 나타내는 상적 의미를 지닌다.

- Вы **посмотрели** фильм "Бтатья"?
- Да, **посмотрел**.
  (상대방이 그 영화를 보고 싶어 하는 것을 알고 있을 때, 혹은 대화자 간에 전에 이 영화에 대해 이야기한 적이 있을 경우에 사용된다.)

- Ты **принял** лекарство?
- Да, **принял**.
  (의사가 이 약을 꼭 먹어야 한다고 사전에 이야기했었는데, 그것을 수행했냐고 묻는 경우에 사용된다.)

ⓒ 과거시제 부정문에서의 불완료상과 완료상의 쓰임의 차이

부정문에서 불완료상은 행위가 일어나지 않았거나 일어날 것을 의도하지 않았음을 나타내며, 완료상은 행위가 시도했으나 행해질 수 없었거나 의도한 결과를 달성하지 못했음을 나타낸다.

Мы не <u>решали</u> эту задачу.
   (과제를 풀지 않았다.)

Мы не **решили** эту задачу.
   (시도했으나 실패했다든지, 의도했으나 못했다.)

Мать не <u>будила</u> ребёнка, потому что он поздно *лёг* спать.
   (그가 늦게 잠자리에 들었기 때문에 어머니는 아이를 깨우지 않았다.)

Мать не **разбудила** ребёнка, потому что крепко он спал.
   (그가 깊이 잠들었기 때문에, 어머니는 아이를 깨우지 못했다.)

Он не <u>сдавал</u> экзамен.
   (시험 보지 않았다.)

Он не **сдал** экзамен.
   (시험에 실패했다.)

---

3 미래시제에서의 상의 의미와 용법

불완료상 동사의 미래시제는 быть 활용꼴(буду, будешь, будет, будем, будете, будут) + 불완료상의 원형부정사로 이루어진다. 완료상 동사의 미래시제는 동사를 활용하면 된다.

> Я <u>буду читать</u> газету.
>
> (불완료상동사 читать의 미래)
>
> Я **прочитаю** газету.
>
> (완료상동사 прочитать활용-미래)
>
> Я <u>буду переводить</u> текст завтра.
>
> (불완료상동사 переводить의 미래)
>
> Я **переведу** текст завтра.
>
> (완료상동사 перевести활용-미래)

이러한 기본적인 시제[13]에 대한 개념을 가지고, 불완료상과 완료상의 상적인 의미가 미래시제에서는 어떠한 특징을 가지고 나타나는지 살펴본다. 미래시제에서도 앞의 13쪽에서 설명했던 상의 일반적인 의미—즉 과정, 진행, 반복은 불완료상으로, 완료, 결과, 일회성은 완료상으로 나타내는 일반적 양상은 같다. 다만 미래시제에는 동사의 상에 의해 의도성, 필요성, 불가피성, 당위성, 가능성 등의 양상적 의미가 다른 시제에서보다 더 많이 나타난다는 점을 주목할 만하다.

Ⓐ 상의 중화(конкуренция видов)

다음의 예를 보자.

> 예1) - Что ты <u>будешь делать</u> завта?
>
> - Я <u>буду читать</u> книгу.(= Я **прочитаю** книгу.)
>
> - Я <u>буду писать</u> упражнения.(= Я **напишу** упражнения.)

---

13) 시제와 상에 관한 자세한 이론은 이 책에서는 깊이 다루지 않기로 한다. 자세한 것은 '러시아어의 시상의 의미'(1999), 어문학연구 8-1, 상명대어문학연구소를 참고하시오.

> - Я <u>буду звонить</u> врачу.(= Я **позвоню** врачу.)
> - Я <u>буду принимать</u> участие в конференции.
> (= Я **приму** участие в конференции.)

위 예에서 "내일 무엇을 할 것이냐?"는 질문의 답으로서 일회적 행위자체를 명명(констатация факта)하는 경우 미래시제의 경우는 과거시제와는 달리, 불완료상이나 완료상이나 같은 상적 의미를 지니고 사용된다. 단지 완료상을 사용한 문장보다 불완료상을 사용한 문장이 좀 더 일상회화체의 성격을 띤다고 할 수 있다.

위의 예1)에서와 같이 동사의 의미가 과정이나 진행의 의미를 포함하는 동사들(читать, писать, звонить, переводить, делать …)은 미래시제에서 불완료상으로 행위가 일어날 것이라는 행위의 명명의 기능을 지니며 이때 완료상으로도 별도의 의미차이 없이 교체가능하기에 상의 쓰임이 이 경우 같아진다. 이처럼 문장에서 불완료상, 완료상 둘 다 별 차이 없이 사용될 수 있는 것을 '상적 중화'라고 한다.

하지만 다음의 예에서는 이러한 행위명명의 의미를 나타낼 때 불완료상보다는 오히려 완료상을 사용해야 더 자연스럽다.

> 예2) - Что ты <u>будешь делать</u> завтра?
> - Я **дам** вам книгу. (св.)
> - ?Я <u>буду давать</u> вам книгу.(нсв.)
>
> 예3) - Что с ним <u>случится</u> завтра?
> - Он **получит** выговор за опоздание.(св.)
> - ?Он <u>будет получать</u> выговор за опоздание.(нсв.)

이는 동사가 과정, 진행의 의미 함축 없이 한 번의 동작으로 이루어지는 의미를 갖는 동사들은 예2), 3)에서와 같이 미래시제에서 일회성의 표시로 행위를 명명할 때 불완료상을 쓸 수 없고, 완료상만을 사용해야 하기 때문이다. 따라서 위 예2)에서의 "무엇을 할 것이냐"는 질문의 답으로 행위를 명명해야할 때 불완료상으로 된 미래표현은 적절치 않게 된다.

이러한 동사들의 경우 불완료상을 사용할 때는 행위명명이 아니라 예4)에서와 같이 반복이나 행위시작 촉구 등의 기타 다른 상적 의미를 나타내게 된다.

예4) Я <u>буду давать</u> вам книги несколько раз в неделю.(반복)
Часто он <u>будет получать</u> выговор за опоздание.(반복)
Уже пора. Ты сейчас <u>будешь считать деньги.</u>(행위 시작의 촉구)

B 미래시제 불완료상

앞에서 설명한 행위명명 기능 외에 미래시제 동사의 불완료상이 나타내는 상적 의미는 다음과 같다.

1) 반복; 과정, 진행

이러한 상적 의미들은 앞([1] 3)에서 설명했듯이 어떤 시제에서나 어느 구문에서나 공통적으로 불완료상이 나타내는 일반적인 상적 의미이다. 미래시제에서도 또한 이러한 일반적인 불완료상의 상적 의미가 나타난다.

После ужина обычно Олег <u>будет читать</u> газету, его жена <u>будет смотреть</u> телевизор.
보통 저녁 식사 후 알렉은 신문을 읽을 것이고, 그의 부인은 텔레비전을 볼 것이다.(반복)

Я <u>буду читать</u> журнал, когда ты придёшь ко мне.
네가 나에게 올 때, 나는 잡지를 읽고 있을 것이다.(진행)

2) 행위시작을 부추김

불완료상은 명령문이나, 동사원형의 경우와 마찬가지로 미래시제로도 행위의 시작을 부추기는 상적 의미를 가진다.

> Мы поужинаем и будем ложиться.
> 우리가 저녁을 다 먹으면 어서 자야 될 것이다.
>
> Мы опаздываем в театр, будем одеваться.
> 우리가 극장에 늦고 있다, 어서 옷 입어야할 것이다.

3) 예정된, 계획된 미래를 나타냄

예정된, 계획된 미래를 나타내며 의도성(намерение)라는 뉘앙스를 준다.

> Вы будете выходить?
> (버스에서) 내리실 겁니까?
>
> Что вы будете заказывать?
> (식당에서 종업원이 손님에게) 무엇을 주문하실 예정이십니까?
>
> Мы будем проводить отпуск на юге.
> 우리는 남쪽에서 휴가를 보낼 것을 계획하고 있다.

4) 필수불가결, 필요성, 당위성(вынуждённая необходимость)

불완료상 미래시제는 필수불가결, 필요성, 당위성의 뉘앙스를 상적 의미로 갖는다.

> Будешь ждать, если жрать нечего.
> (Солоухин. Владимирские проселки에서 인용)
> 당연히 기다려야할 것이다…

В литературе, как и в жизни, нужно помнить одно правило, что человек <u>будет</u> тысячу раз <u>раскаиваться</u> в том, что говорил много, но никогда, что мало.

(Писемский. Тывяча душ에서 인용)

~ 당연히 후회해야 할 것이다~.후회하는 것이 필요할 것이다.

Он обязательно <u>будет</u> во всем <u>соглашаться</u> с проводником и даже <u>заискивать</u> перед ним···

(Паустовский. Симферопольский скорый에서 인용)[14]

~당연히 동의해야 할 것이고 아첨해야 할 것이다. 그것이 필요하다.~

이 경우 완료상의 활용꼴을 사용하면 같은 미래시제이지만 이러한 상적 뉘앙스는 나타내지 못하게 된다.

따라서 이 경우 부정문에서 미래시제 불완료상의 동사는 불필요성이나 금지의 상적 뉘앙스를 나타낸다. 문맥에 따라 не стоит + инф.(нсв.)(···할 필요가 없다)이거나, нельзя + инф.(нсв.)(···해서는 안 된다)와 같은 상적 의미를 표시한다.

<u>Не будем задерживаться</u>, пойдёмте!

우리는 지체할 필요가 없을 것 같습니다, 갑시다!

<u>Не будем говорить</u> ему о случившемся.

일어난 일에 대해서는 그에게 말할 필요가 없으니 말해서는 안 될 것입니다.

Он <u>не будет выбрасывать</u> эти старые конспекты: они могут ещё пригодиться.

(이 오래된 요점노트를 내버려서는 안 될 것이다. 왜냐하면 그것들이 아직도 쓸모 있을 수 있으니까.

---

14) 이상의 예들은 Бондарко А.В. Вид и время русского глагола(1971:с. 164-170)에서 재인용함.

5) 연속된 문장에서 동시동작 표시

앞에 위치한 절에서 동사의 불완료상이 사용되고, 접속사 뒤에 따라오는 절에서도 동사의 불완료상이 사용되면 행위가 같은 시간에 같이 일어나는 동시동작 (одновременность: 완전 공시)을 나타내게 된다. (НСВ-НСВ)

Он <u>будет обедать</u> и (<u>будет</u>) <u>слушать</u> радио.
　그는 점심을 먹으면서 라디오를 들을 것이다.

Сегодня вечером <u>он будет читать</u> журнал, а его брат <u>будет смотреть</u> телевизор.
　오늘 저녁 그는 잡지를 읽을 것인데, 그때 그의 형은 텔레비전을 볼 것이다.

Учитель <u>будет объяснять</u> новое правило, и дети внимательно его <u>будут слушать</u>.
　선생님이 새로운 규칙을 설명하실 때 아이들은 그것을 주의 깊게 들을 것이다.

- Что ты будешь делать?
- <u>Буду печатать</u> свой доклад и <u>исправлять</u> ошибки.
　나는 보고서를 치면서 오류를 수정할 것이다.

이것은 다음과 같이 현재나 과거에서도 마찬가지이다.

● 현재시제의 동시동작:

Он <u>обедает</u> и <u>слушает</u> радио.
Он <u>читает</u> журнал, а его брат <u>смотрит</u> телевизор.
Учитель <u>объясняет</u> новое правило, и дети внимательно его <u>слушают</u>.
　선생님은 새로운 규칙을 설명하고, 학생들은 주의 깊게 선생님의 설명을 듣고 있다.

- Что ты делаешь?

- <u>Перевожу</u> с русского на немецкий текст, и ищу слова в словаре.

  나는 러시아어 본문을 사전에서 단어들을 찾아가며, 독일어로 번역하고 있다.

● 과거시제의 동시동작:

Он <u>обедал</u> и <u>слушал</u> радио.

Он <u>читал</u> журнал, а его брат <u>смотрел</u> телевизор.

Учитель <u>объяснял</u> новое правило, и дети внимательно его <u>слушали</u>.

선생님은 새로운 규칙을 설명하시고, 학생들은 주의 깊게 선생님의 설명을 듣고 있었다.

- Вчера что делали ваши братья?

- Старший брат <u>занимался</u>, а младший брат <u>играл</u> в футбол.

형은 공부하고, 남동생은 축구경기를 하고 있었다.

(C) 미래시제 완료상

1) 일회성 행동의 동사행위명명

앞의 A.상의 중화에서 설명했듯이 불완료상의 행위진술, 명명의 기능은 과거시제에서는 동사 제한 없이 쓰이나, 미래시제에서는 과정, 진행의미의 동사에 국한되는 한정적인 양상을 보인다. 그러므로 일회성 행동의 동사명명은 미래시제에서 완료상이 대부분 그 기능을 한다고 볼 수 있다.

> Завтра я **принесу** вам фотоаппарат.
> 내일 나는 당신에게 사진기를 가져갈 것이다.
>
> Мы сейчас **пошлём** Анну в магазин.
> 우리는 이제 안나를 상점에 보낼 것이다.
>
> У меня нет этой книги, но я **возьму** её в библиотеке.
> 우리에게는 이 책이 없다, 그러나 내가 도서관에 있는 그것을 가져 올 것이다.

2) 행위의 완결, 결과 중시

완료상은 행위가 완결될 것이고 결과가 기대되어짐을 표시한다. 때로는 어떤 사람이 행위를 한다면 그것을 완결할 수 있는 능력이 있음을 나타내기도 한다.

> Такой своего **добьётся**! Он всё **поймёт**.
> 그것을 노력해서 얻을 수 있을 것이다. 그는 다 이해할 것이다.
>
> Он **решит** все задачи. Он много занимался.
> 그는 모든 문제를 다 풀 것이다. 공부를 많이 했으니.
>
> Сегодня я **прочитаю** грамматику и **напишу** упражнения.
> 다 읽어서 모든 연습문제를 다 쓸 것이다.

그러므로 완료상이 부정문으로 미래시제로 쓰이면 행위가 달성될 수 없거나 결과가 없을 것임을 나타낸다. 한편 이 경우 불완료상은 그 행위자체를 하려는 의도가 없었음을 표시한다.

> Он **не решит** эти задачи.
> (문제를 다 푸는 결과가 없음)
>
> Он <u>не будет решать</u> эти задачи.
> (문제를 풀려는 의도가 없음)

Я **не прочитаю** эту книгу.

(책을 다 읽는 결과가 없음)

Я <u>не буду читать</u> эту книгу.

(책을 읽으려는 의도가 없음)

3) 잠재적 가능성의 표시

완료상의 미래시제동사는 긍정문에서는 문맥에 따라 잠재적 가능성을 나타내며, 부정문에서는 불가능성을 나타낸다. 특히 이러한 뉘앙스는 주어가 행동을 실현할 잠재성과 연관되어 있다.

Кто **поможет** в таком случае, разве только очень близкий человек?

누가 그런 상황에서 도와주는 것이 가능할까요, 단지 아주 가까운 사람이?

Когда студенты за**кончат** опыты, они **обсудят** их результаты.

학생들이 실습을 다 끝내게 될 때, 그들은 그 결과들을 논의할 수 있게 될 것이다.

Игорь всегда вам всё **объяснит**.

이고르는 항상 당신에게 모든 것을 설명할 수 있을 것이다.

Любой из присутствующих **подтвердит** мои слова.

참석한 사람들 중에서 어느 누구라도 나의 말을 확인할 수 있을 것이다.

Он ещё мал, он **не поймёт** такого объяснения.

그는 아직 어려서, 그런 설명을 이해할 수가 없을 것이다.

В двух словах этого **не расскажешь**.

두 마디 표현으로 이것을 이야기할 수는 없을 것입니다.

Никто **не поверит**, что такие вещи случаются в наше время.

그런 일들이 우리 시대에 일어나고 있다는 것을 아무도 믿을 수 없을 것이다.

4) 공손한 요청

회화체에서 완료상의 미래시제동사는 상대방에게 부탁하는 공손한 요청의 뉘앙스를 나타내며, 이는 명령형보다 더 부드러운 표현이 된다. 이는 상대방이 주어진 행동을 가능하게 할 것인지 어떤지에 대해 화자가 확신을 하지 못해서 가정해 보는 느낌을 주기 때문이다.

Вы **не скажете**, где находится метро?
당신이 말하실 수 있는지 어떤지 모르겠는데, 가능하시다면, 지하철이 어디에 있는지 말해주실 수 없을까요?

- Нет, к сожалению, **не скажу**.
아니오, 유감스럽게도, 말할 수 없어요.

Вы **не поможете** отнести ему эти папки?
가능하신다면 이 파일들을 그에게 가져갈 수 없으실까요?

Вы **не покажете** мне вон ту чёрную сумку?
나에게 저 검정 가방을 보여주실 수 없으실까요?

---

5) 감정적 색채를 띤 반복의 표현: 생생한 예시의 표현[15]
(наглядно-примерное значение)

일반적으로 반복의 표현은 동사의 불완료상으로 하는 것으로 알려져 있다. 단지 반복의 간격이 아주 짧아 전체를 하나의 행위로 볼 수 있는 총체적 의미(суммарное значение)를 나타낼 때는 완료상으로 행위의 반복(각주7 참조)을 나타내기도 한다. 그런데 특이하게도 이러한 반복의 표현과는 다르게, 반복표현이긴 하나 감정적 색채를 띠고 눈앞에서 생생하게 보여주듯이 예시하는 반복의 행위를 나타낼 때 동사의 완료상이 쓰인다.

또한 이러한 생생한 예시는 문맥이 정해져 있는데, 그것은 빈도부사가 쓰여 반복

---

15) Шведова Л.Н., Трофимова Т.Г.(1987) Пособие по употреблению видов глагола с.81-86 참고.

을 나타내되 생생한 예시를 위해 전후에 연결된 몇몇 행위를 나열하는 문맥에서 사용된다. 완료상은 여기에서 상황표현의 생생함이라는 상적 의미를 나타낸다. 물론 이 경우 완료상을 불완료상으로 바꾸어도 그 기본적 반복의 의미는 그대로 전달되나, 불완료상의 동사가 사용되면 이러한 생생한 예시라는 상적인 뉘앙스는 나타낼 수가 없게 된다. 이러한 완료상 동사의 활용꼴은 보통 일상회화체나, 문학작품에서 감정적 표현의 생동감을 나타내기 위해 사용된다.

예1) Иногда весной <u>бывает</u> так: **налетит** буря, **погуляет** часа два-три и так же неожиданно **затихнет**, как началась.

예2) Татьяна то **вздохнет**, то **охнет**, письмо <u>дрожит</u> в её руке.

예3) <u>Учился</u> он жадно, довольно успешно и очень хорошо <u>удивлялся</u>: <u>бывало</u>, во время урока вдруг **встанет**, **возьмёт** с полки книгу, **прочитает** две-три строки и смотрит на меня, изумленно говоря:-Читаю ведь.

예4) Обычно после школы Саша **погуляет** с младшим братишкой, **отдохнет**, и **сядет** за уроки.

위의 예들에서 보듯이 이러한 생생한 예시의 표현으로서의 반복은 과거, 현재, 미래시제 어디에나 사용될 수 있는데, 완료상의 활용꼴이 쓰였더라도 의미상으로 반드시 미래시제를 나타내지는 않는다는 것을 알 수 있다.

즉 예1)에서의 완료상(налетит, погуляет, затихнет)과 예2)의 완료상(вздохнет, охнет)은 앞의 주절의 동사(бывает, дрожит)의 시제에 따라 현재의 상황을 예시적으로 설명하기에 현재시제를 나타낸다.

또한 예3)에서는 주절의 동사(учился, удивлялся)에 대한 예시적 설명이므로 완료상의 활용꼴(встанет, возьмёт, прочитает)이라 하더라도 미래를 표시하는 것이 아니고, 과거의 상황에 대한 예시적 표현으로 보아야 한다. 예4)만이 미래시제를 나타낸다는 것을 알 수 있다.

6) 연속된 문장에서 행위의 순차성 표시

앞 절에서 동사의 완료상이 사용되고, 접속사 뒤에 따라오는 절에서 동사의 완료상이 사용되면 한 동작이 먼저 일어나서 끝나고, 그 다음 동작이 일어나는 순차적 동작(последовательность)을 나타낸다.(СВ – СВ)

> Когда он **напишет** письмо, сразу **пойдёт** на почту.
> 그는 편지를 다 쓰면, 즉시 우체국으로 갈 것이다.
>
> Мы **поужинаем**, и **пойдём** в театр.
> 우리는 저녁을 다 먹은 후에 극장으로 출발할 것이다.
>
> Учитель **объяснит** новый урок, и дети **начнут** читать текст.
> 선생님이 새 과를 다 설명하시면, 아이들은 본문 읽기를 시작할 것이다.
>
> Когда Олег **прочитает** роман, он **переведёт** текст.
> 알레그는 소설을 다 읽은 다음, 본문을 번역할 것이다.
>
> Если вы **добавите** в раствор немного кислоты, цвет его резко **изменится**.
> 네가 용액에 산을 조금 첨가한다면, 그것의 색깔이 급격히 변하게 될 것이다.
>
> Брач **осмотрит** больного и **даст** ему нужное лекарство.
> 의사가 환자를 다 진찰한 후에 그에게 필요한 약을 줄 것이다.

앞에서 설명한 연속된 문장의 행위의 동시동작(B.5))표시와 같이, 이러한 행위의 순차성도 과거시제에서도 또한 미래시제에서도 마찬가지로 일어난다.

● **과거시제에서의 행위의 순차성**

> Когда он **написал** письмо, сразу **пошёл** на почту.
> Мы **поужинали** и **пошли** в театр.

> Учитель **объяснил** новый урок, и дети **начал** читать текст.
> Брач **осмотрел** больного и **дал** ему нужное лекарство.

● 미래시제에서의 행위의 순차성

> Когда он **напишет** письмо, сразу **пойдёт** на почту.
> Мы **поужинаем** и **пойдём** в театр.
> Учитель **объяснит** новый урок, и дети **начнут** читать текст.
> Брач **осмотрит** больного и **даст** ему нужное лекарство.

참고로 한 문장에서 앞 절과 뒤 절에 불완료상과 완료상이 같이 쓰일 때는, 문맥에 따라 한 행동을 하는 진행 중에 어떤 행위가 중간에 끼어들어 일어나거나, 동시 간대에 행위가 완전히 겹치는 것이 아니고 부분적으로 행위가 일어난 시간이 겹칠 수 있는 부분공시가 일어남을 나타낼 수 있다. (HCB↔CB)

> Мой муж <u>будет смотреть</u> телевизор, когда я **приду** домой.
> 　내가 집에 올 때, 내 남편은 텔레비전을 보고 있는 중일 것이다.
>
> Когда ты **войдёшь** в ту комнату, твой сын <u>будет решать</u> задачи.
> 　네가 그 방에 들어갈 때, 거기서 네 아들이 과제를 풀고 있을 것이다.

또한 다음의 예에서 보듯이 한 문장의 앞 절과 뒷 절에 불완료상과 완료상이 같이 쓰이는 경우에, 불완료상으로 표시되는 지속되는 행동이 시작되기 전에, 완료상으로 표시되는 행동이 끝났음을 나타낼 수도 있다. (HCB↔CB)

▼ 점심을 다 먹고 나서 그 다음 라디오를 계속 들을 것이다.

→ Он **пообедает** и <u>будет слушать</u> радио.

▼ 논문을 다 번역하고 나서, 나는 오디오를 계속 들을 것이다.

→ Когда я **переведу** статью, <u>буду слушать</u> аудиокассету.

▼ 보고서 다 작성한 후에 너는 무엇을 할 것이니?

– 보고서 다 작성하고 나서, 나는 형과 계속 놀 거야.

→ А что ты <u>будешь делать</u>, когда **напечатаешь** доклад?

– Когда я **напечатаю** доклад, <u>буду играть</u> с братом.

2부

러시아어 동사의 불완료상, 완료상 만들기

§일러두기

본문 이하 러시아어 예문에서

밑줄은 강세가 변한 것이고,

회색 음영은 철자가 변한 것이고,

음영에 두 줄의 밑줄은 강세와 철자가 다 바뀐 것을 표시함.

불완료상, 완료상 상의 짝의 형성 1

1 불완료상에 접두사를 붙여 완료상 만들기

1) вы –

брани́ть	—	вы́бранитьв
дрессирова́ть	—	вы́дрессировать
купа́ть(ся)	—	вы́купать(ся)
мыть(ся)	—	вы́мыть(ся)
пить	—	вы́пить
рвать	—	вы́рвать
со́хнуть	—	вы́сохнуть
терпе́ть	—	вы́терпеть
учи́ть	—	вы́учить (что)(암송하다, 예습복습하다)

2) вз(вс)–

접두사 вз–는 뒤에 무성음이 오면 вс–로 철자가 바뀐다.

алка́ть	—	взалка́ть
беси́ть	—	взбеси́ть
волнова́ть(ся)	—	взволнова́ть(ся)
кипяти́ть	—	вскипяти́ть
лихора́дить	—	взлихора́дить
поте́ть	—	вспоте́ть
рыхли́ть	—	взрыхли́ть

3) воз(вос)–

접두사 воз–는 뒤에 무성음이 오면 вос–로 철자가 바뀐다.

мнить	—	**воз**о́мни́ть
мужа́ть	—	**воз**мужа́ть
ненави́деть	—	**воз**ненави́деть
по́льзоваться	—	**вос**по́льзоваться (кем, чем)
препя́тствовать	—	**вос**препя́тствовать (кому в чём, чему)
проти́виться	—	**вос**проти́виться (кому, чему)
тре́бовать	—	**вос**тре́бовать("claim" 청구, 주장하다의 뜻 일때만)(참고: 요구, 강요하다의 뜻일 때는 **по**тре́бовать)

4) за–

бракова́ть	—	**за**бракова́ть
брони́ровать	—	**за**брони́ровать
вя́нуть	—	**за**вя́нуть
гаси́ть	—	**за**гаси́ть
жа́рить	—	**за**жа́рить
интригова́ть	—	**за**интригова́ть
конспекти́ровать	—	**за**конспекти́ровать
маринова́ть	—	**за**маринова́ть
мучи́ть	—	**за**мучи́ть
плани́ровать	—	**за**плани́ровать
плати́ть	—	**за**плати́ть
регистри́ровать	—	**за**регистри́ровать
страхова́ть	—	**за**страхова́ть
фикси́ровать	—	**за**фикси́ровать

5) на-

греть	—	**на**гре́ть
грузи́ть	—	**на**грузи́ть
дыми́ть	—	**на**дыми́ть
корми́ть	—	**на**корми́ть
печа́тать	—	**на**печа́тать
писа́ть	—	**на**писа́ть
ре́зать	—	**на**ре́зать
рисова́ть	—	**на**рисова́ть
учи́ть(ся)	—	**на**учи́ть(ся) (чему)
хму́рить	—	**на**хму́рить
черти́ть	—	**на**черти́ть

6) о(об)-

бедне́ть	—	**о**бедне́ть
дура́чить	—	**о**дура́чить
камене́ть	—	**о**камене́ть
кре́пнуть	—	**о**кре́пнуть
меня́ть	—	**об**меня́ть
печа́лить	—	**о**печа́лить
публикова́ть	—	**о**публикова́ть
пусте́ть	—	**о**пусте́ть
ра́доваться	—	**об**ра́доваться
сироте́ть	—	**о**сироте́ть
слабе́ть	—	**о**слабе́ть
смеле́ть	—	**о**смеле́ть

7) от(ото)–

мсти́ть	–	**ото**мсти́ть(кому за что)
полирова́ть	–	**от**полирова́ть
пра́здновать	–	**от**пра́здновать
регули́ровать	–	**от**регули́ровать
редакти́ровать	–	**от**редакти́ровать
ремонти́ровать	–	**от**ремонти́ровать

8) по–

бере́чь	–	**по**бере́чь(귀중히 여기다)
беспоко́ить	–	**по**беспоко́ить
бить	–	**по**би́ть(치다, 때리다)
благодари́ть	–	**по**благодари́ть
ве́рить	–	**по**ве́рить(кому–чему)
влия́ть	–	**по**влия́ть
вреди́ть	–	**по**вреди́ть
гаси́ть	–	**по**гаси́ть
дели́ть	–	**по**дели́ть
держа́ть	–	**по**держа́ть
дари́ть	–	**по**дари́ть
ду́мать	–	**по**ду́мать
жале́ть	–	**по**жале́ть
забо́титься	–	**по**забо́титься(о ком,чём)
зави́довать	–	**по**зави́довать(кому/чему)
звать	–	**по**зва́ть
звони́ть	–	**по**звони́ть
здоро́ваться	–	**по**здоро́ваться

каза́ться	—	**по**каза́ться
меша́ть	—	**по**меша́ть(чему)
моли́ться	—	**по**моли́ться
нра́виться	—	**по**нра́виться
обе́дать	—	**по**обе́дать
проща́ться	—	**по**проща́ться(с кем, чем)
проси́ть	—	**по**проси́ть
сле́довать	—	**по**сле́довать
сове́товать	—	**по**сове́товать
сочу́вствовать	—	**по**сочу́вствовать
спеши́ть	—	**по**спеши́ть
спосо́бствовать	—	**по**спосо́бствовать(чему)
спо́рить	—	**по**спо́рить
ста́вить	—	**по**ста́вить
стара́ться	—	**по**стара́ться
страда́ть	—	**по**страда́ть
стро́ить	—	**по**стро́ить
стуча́ть	—	**по**стуча́ть
теря́ть	—	**по**теря́ть
торопи́ть	—	**по**торопи́ть
тра́тить	—	**по**тра́тить
тре́бовать	—	**по**тре́бовать
у́жинать	—	**по**у́жинать
хвали́ть	—	**по**хвали́ть
хва́стать	—	**по**хва́стать(= хвастаться кем(чем))
черстве́ть	—	**по**черстве́ть
чини́ть	—	**по**чини́ть

чу́вствовать   —   почу́вствовать

шути́ть   —   пошути́ть

9) при-

гото́вить   —   пригото́вить(요리하다)

грози́ть   —   пригрози́ть(чем)

ме́рить   —   приме́рить

ревнова́ть   —   приревнова́ть

сни́ться   —   присни́ться

це́литься   —   прице́литься

10) про-

анализи́ровать   —   проанализи́ровать

голосова́ть   —   проголосова́ть(за кого(что), против кого(чего))

демонстри́ровать   —   продемонстри́ровать

диктова́ть   —   продиктова́ть

звуча́ть   —   прозвуча́ть

консульти́ровать   —   проконсульти́ровать

контроли́ровать   —   проконтроли́ровать

рецензи́ровать   —   прорецензи́ровать

фильтрова́ть   —   профильтрова́ть

чита́ть   —   прочита́ть

шуме́ть   —   прошуме́ть

экзаменова́ть   —   проэкзаменова́ть

11) раз(рас)-

접두사 раз-는 뒤에 무성음이 오면 рас-로 철자가 바뀐다.

буди́ть	—	**раз**буди́ть
волнова́ть(ся)	—	**раз**волнова́ть(ся)
оби́деть(ся)	—	**раз**оби́деть(ся)
рвать	—	**раз**орва́ть
та́ять	—	**рас**та́ять

12) с(со)-

вари́ть	—	**с**вари́ть
вяза́ть	—	**с**вяза́ть
гнуть	—	**со**гну́ть
горе́ть	—	**с**горе́ть
де́лать	—	**с**де́лать
есть	—	**с**ъе́сть
жечь	—	**с**жечь
игра́ть	—	**с**ыгра́ть
компромети́ровать	—	**с**компромети́ровать
копи́ровать	—	**с**копи́ровать
лгать	—	**со**лга́ть
лома́ть	—	**с**лома́ть
мочь	—	**с**мочь
остри́ть	—	**с**остри́ть
петь	—	**с**петь
пря́тать(ся)	—	**с**пря́тать(ся)
счита́ть	—	**со**счита́ть(계산하다)
тру́сить	—	**с**тру́сить

уме́ть	—	**с**уме́ть
формирова́ть(ся)	—	**с**формирова́ть(ся)
фотографи́ровать(ся)	—	**с**фотографи́ровать(ся)
шить	—	**с**шить
эконо́мить	—	**с**эконо́мить

13) у–

венча́ть	—	**у**венча́ть
ви́деть	—	**у**ви́деть
вя́нуть	—	**у**вя́нуть(= увяда́ть)
жа́лить	—	**у**жа́лить
мно́жить(ся)	—	**у**мно́жить(ся)
пакова́ть	—	**у**пакова́ть
регули́ровать	—	**у**регули́ровать
слы́шать	—	**у**слы́шать
соверше́нствовать(ся)	—	**у**соверше́нствовать(ся)
старе́ть	—	**у**старе́ть(낡아지다, 구식이 되다)

보통은 위와 같이 불완료상 동사에 접두사를 붙여 완료상이 만들어지는데, 고대 슬라브어에서 차용된 다음과 같은 일련의 동사들은 불완료상의 동사가 접두사를 갖고 있는 형태로 되어 있다.

> надлежать, отстоять, подлежать, предвидеть, предзнаменовать, предшествовать, предстоять, предчувствовать, преобладать, принадлежать, предвосхищать, сострадать, содержать, состоять, сочувствовать …

2 접미사변화에 따른 불완료상, 완료상 만들기

1) 불완료상 -a-: 완료상 - и -

⟨자음교체 동반하며 변화⟩

① ж→ д 자음교체

опережа́ть	—	опереди́ть
проважа́ть	—	проводи́ть
разрежа́ть	—	разреди́ть
снабжа́ть	—	снабди́ть
снаряжа́ть	—	снаряди́ть
сооружа́ть	—	сооруди́ть

② ж→з 자음교체

возража́ть	—	возрази́ть
выража́ть	—	вы́разить
изобража́ть	—	изобрази́ть
нагружа́ть	—	нагрузи́ть
отража́ть	—	отрази́ть
понижа́ть	—	пони́зить
приближа́ть	—	прибли́зить
сближа́ть	—	сбли́зить
снижа́ть	—	сни́зить

③ жд→д 자음교체

досажда́ть	–	досади́ть(кому)(약을 올리다, 화나게 하다)
награжда́ть	–	награди́ть
обсужда́ть	–	обсуди́ть
освобожда́ть	–	освободи́ть
осужда́ть	–	осуди́ть
охлажда́ть	–	охлади́ть
побежда́ть	–	победи́ть
побужда́ть	–	побуди́ть
подтвержда́ть	–	подтверди́ть
предупрежда́ть	–	предупреди́ть
рожда́ть	–	роди́ть
убежда́ть	–	убеди́ть
утвержда́ть	–	утверди́ть

④ г→ж 자음교체

предлага́ть	–	предложи́ть(신청하다, 제안하다)
прилага́ть	–	приложи́ть(적용하다, 응용하다)
располага́ть	–	расположи́ть(배치하다, 배열하다)

⑤ ч→т 자음교체

встреча́ть	–	встре́тить
замеча́ть	–	заме́тить
отвеча́ть	–	отве́тить
отмеча́ть	–	отме́тить
подмеча́ть	–	подме́тить

⑥ ш→с 자음교체

повыша́ть	—	повы́сить
превыша́ть	—	превы́сить
приглаша́ть	—	пригласи́ть
соглаша́ться	—	согласи́ться
украша́ть	—	укра́сить

⑦ щ→т 자음교체

возвраща́ть	—	возврати́ть
возмуща́ть	—	возмути́ть
восхища́ться	—	восхити́ться
запреща́ть	—	запрети́ть
защища́ть	—	защити́ть
обогаща́ть	—	обогати́ть
обраща́ть	—	обрати́ть
освеща́ть	—	освети́ть
ощуща́ть	—	ощути́ть
поглоща́ть	—	поглоти́ть
посвеща́ть	—	посвети́ть
превраща́ть	—	преврати́ть
прекраща́ть	—	прекрати́ть
развраща́ть	—	разврати́ть
сокраща́ть	—	сократи́ть

⑧ щ→ ст 자음교체

возмеща́ть	—	возмести́ть
извеща́ть	—	извести́ть

очища́ть	—	очи́стить
помеща́ть	—	помести́ть
проща́ть	—	прости́ть
размеща́ть	—	размести́ть
угоща́ть	—	угости́ть

⑨ ск→ст 자음교체

впуска́ть	—	впусти́ть
выпуска́ть	—	вы́пустить
допуска́ть	—	допусти́ть
запуска́ть	—	запусти́ть
опуска́ть		опусти́ть
отпуска́ть	—	отпусти́ть
пропуска́ть	—	пропусти́ть
спуска́ть(ся)	—	спусти́ть(ся)

〈자음교체 없이 변화〉

броса́ть	—	бро́сить
включа́ть	—	включи́ть
вооружа́ть	—	вооружи́ть
вруча́ть	—	вручи́ть
выключа́ть	—	вы́ключить
выступа́ть	—	вы́ступить
заключа́ть	—	заключи́ть
изуча́ть	—	изучи́ть
исключа́ть	—	исключи́ть

конча́ть	—	ко́нчить
обобща́ть	—	обобщи́ть
обознача́ть	—	обозна́чить
облегча́ть	—	облегчи́ть
огорча́ть	—	огорчи́ть
окружа́ть	—	окружи́ть
освежа́ть	—	освежи́ть
отлича́ть	—	отличи́ть
ошиба́ться	—	ошиби́ться
получа́ть	—	получи́ть
поступа́ть	—	поступи́ть
продолжа́ть	—	продо́лжить
различа́ть	—	различи́ть
разруша́ть	—	разру́шить
разреша́ть	—	разреши́ть
смягча́ть	—	смягчи́ть
соверша́ть	—	соверши́ть
сообща́ть	—	сообщи́ть
улучша́ть	—	улу́чшить
уменьша́ть	—	уме́ньшить
уничтожа́ть	—	уничто́жить
уступа́ть	—	уступи́ть
утеша́ть	—	уте́шить
ухудша́ть	—	уху́дшить

2) 불완료상 –я–: 완료상 –и–

выделя́ть — вы́делить

выполня́ть — вы́полнить

добавля́ть — доба́вить

доверя́ть — дове́рить

заверя́ть — заве́рить(кого в чём)

закаля́ть(ся) — закали́ть(ся)

заменя́ть — замени́ть(кого-что, кем-чем)

извиня́ть(ся) — извини́ть(ся)

изменя́ть — измени́ть

измеря́ть — изме́рить

наклоня́ть(ся) — наклони́ть(ся)

обвиня́ть — обвини́ть

обедня́ть — обедни́ть

объединя́ть(ся) — объедини́ть(ся)

объясня́ть — объясни́ть

одобря́ть — одо́брить

озаря́ть — озари́ть

озеленя́ть — озелени́ть

определя́ть — определи́ть

отделя́ть — отдели́ть

отменя́ть — отмени́ть

отдаля́ть — отдали́ть

поверя́ть — пове́рить

повторя́ть — повтори́ть

позволя́ть — позво́лить

применя́ть — примени́ть(к кому, чему)

причиня́ть	—	причини́ть
проверя́ть	—	прове́рить
разделя́ть	—	раздели́ть(на что)
разъясня́ть	—	разъясни́ть
расспространя́ть	—	расспространи́ть
растворя́ть	—	раствори́ть
сменя́ть	—	смени́ть
смиря́ться	—	смири́ться(с чем)
соединя́ть	—	соедини́ть
справля́ть	—	спра́вить
справля́ться	—	спра́виться(с чем)
уверя́ть	—	уве́рить
уделя́ть	—	удели́ть

순음교체 -л

воодушевля́ть	—	воодушеви́ть
добавля́ть	—	доба́вить
доставля́ть	—	доста́вить
заставля́ть	—	заста́вить
захламля́ть	—	захлами́ть
объявля́ть	—	объяви́ть
озлобля́ть	—	озло́бить
ослабля́ть	—	осла́бить
оставля́ть	—	оста́вить
осуществля́ть	—	осуществи́ть
отправля́ть	—	отпра́вить
оформля́ть	—	офо́рмить

поздравля́ть	–	поздра́вить
поставля́ть	–	поста́вить
появля́ться	–	появи́ться
представля́ть	–	предста́вить
притупля́ть	–	притупи́ть
расслабля́ть	–	рассла́бить
расславля́ть	–	рассла́вить
расставля́ть	–	расста́вить
составля́ть	–	соста́вить
сопоставля́ть	–	сопоста́вить
углубля́ть	–	углуби́ть
удешевля́ть	–	удешеви́ть
удивля́ть(ся)	–	удиви́ть(ся)
укрепля́ть	–	укрепи́ть
усыновля́ть	–	усынови́ть

3) 불완료상 -ва-: 완료상 -ø-

완료상의 어간에 접미사 ва를 붙여 불완료상이 되는데, 대다수의 파생적 동사들의 불완료상은 완료상동사의 어간에 접미사 -ы(и)ва-나 -ва-를 붙여 만들어진다.

① -ава-: -а-

встава́ть	–	вста́ть
выдава́ть	–	вы́дать
дава́ть	–	да́ть
задава́ть	–	зада́ть

оставáться	—	остáться
отдавáть	—	отдáть
отставáть	—	отстáть
передавáть	—	передáть
переставáть	—	перестáть
познавáть	—	познáть
придавáть	—	придáть
признавáть	—	признáть
продавáть	—	продáть
расставáться	—	расстáться(с кем)
сдавáть	—	сдáть
создавáть	—	создáть
узнавáть	—	узнáть
уставáть	—	устáть

② –ева–: –е–

заболевáть	—	заболéть
нагревáть	—	нагрéть
надевáть	—	надéть
овладевáть	—	овладéть
одевáть	—	одéть
одолевáть	—	одолéть
охладевáть	—	охладéть
перегревáть	—	перегрéть
преодолевáть	—	преодолéть
раздевáть	—	раздéть
разогревáть	—	разогрéть

согрева́ть	—	согре́ть
созрева́ть	—	созре́ть
успева́ть	—	успе́ть

③ –ы(и)ва–: –ы–

быва́ть	—	бы́ть
добыва́ть	—	добы́ть
забыва́ть	—	забы́ть
закрыва́ть	—	закры́ть
зарыва́ть	—	зары́ть
открыва́ть	—	откры́ть
подрыва́ть	—	подры́ть
скрыва́ть	—	скры́ть
умыва́ть(ся)	—	умы́ть(ся)

④ –ы(и)ва–: –и–

взма́ливаться	—	взмоли́ться
восстана́вливать	—	восстанови́ть(순음교체)
выбра́сывать	—	вы́бросить
выса́живать	—	вы́садить
		(철자규칙 1번16)에 의해 ы→и, ж–с 자음교체)
добива́ться	—	доби́ться
догова́риваться	—	договори́ться
зака́нчивать	—	зако́нчить
заку́сывать	—	закуси́ть

---

16) 러시아어 철자규칙 1, 2, 3은 112쪽을 참고하시오.

залива́ть	—	зали́ть
застра́ивать	—	застро́ить
нака́пливать	—	накопи́ть(순음교체)
налива́ть	—	нали́ть
обезли́чивать	—	обезли́чить
обеспе́чивать	—	обеспе́чить
обнару́живать	—	обнару́жить
ограни́чивать	—	ограни́чить
озабо́чивать	—	озабо́тить(ч-т 자음교체)
осва́ивать	—	осво́ить
отбра́сывать	—	отбро́сить
оце́нивать	—	оцени́ть
охва́тывать	—	охвати́ть
пережива́ть	—	пережи́ть(철자규칙 1번에 의해 ы→и)
перека́рмливать	—	перекорми́ть(чем)(순음교체 л)
побива́ть	—	поби́ть(이기다, 무찌르다)
прибива́ть	—	приби́ть(못 박아 고정시키다)
прове́тривать	—	прове́трить
разбива́ться	—	разби́ться
разгова́ривать	—	разговори́ть
растра́чивать	—	растра́тить(ч-т 자음교체)
сбра́сывать	—	сбро́сить
сосредото́чивать	—	сосредото́чить
		(철자규칙 1번에 의해 ы→и)
спра́шивать	—	спроси́ть
		(철자규칙 1번에 의해 ы→и, ш-с자음교체)
сравнива́ть	—	сравни́ть(с кем, чем)

увели́чивать	–	увели́чить
удва́ивать	–	удво́ить
успока́ивать	–	успоко́ить
устра́ивать	–	устро́ить

⑤ –ы(и)ва–: –е–

выгля́дывать	–	вы́глядеть(찾아내다, 몰래 살피다)

(참고로 вы́глядеть는 '…처럼 보이다'의 뜻으로는 불완료상으로만 쓰임)

выздора́вливать	–	вы́здороветь(순음교체)
доси́живать	–	досиде́ть
огля́дывать	–	огляде́ть
осма́тривать	–	осмотре́ть(진찰하다, 관광하다)
присма́тривать	–	присмотре́ть(за кем,чем)(감시하다)
подсма́тривать	–	подсмотре́ть(몰래 엿보다)

※위의 ④, ⑤에서 보듯이, 완료상의 철자 о가 불완료상 동사의 어간의 а로 강세를 받으며 자음교체 되는 것은 현대 러시아어에서 매우 흔한 현상이다.

4) 불완료상 –ы(и)–: 완료상 –ø–

완료상동사의 어간에 접미사 –ы(и)가 첨가되어 불완료상이 된다.

① –ы–: –ø–

взрыва́ть	–	взорва́ть(폭발하다, 격앙시키다)
вырыва́ть	–	вы́рвать(뽑아내다)
взрыва́ть	–	взорва́ть
высыпа́ться	–	вы́спаться
называ́ть	–	назва́ть
отрыва́ть	–	оторва́ть

подрыва́ть	—	подорва́ть
посыла́ть	—	посла́ть
призыва́ть	—	призва́ть(소환하다)
созыва́ть	—	созва́ть(불러 모으다)
срыва́ть	—	сорва́ть(뜯어내다, 잡아떼다)

② –и–: –ø–

выбира́ть	—	вы́брать
добира́ть(ся)	—	добра́ть(ся)
застила́ть	—	застла́ть(깔다, 펴다)
набира́ть	—	набра́ть
обдира́ть	—	ободра́ть((과일 등의)껍질을 벗기다)
подстила́ть	—	подостла́ть
разбира́ть	—	разобра́ть
расстила́ть	—	разостла́ть
собира́ть	—	собра́ть
убира́ть	—	убра́ть

이상에서 보듯이 об–, под–, раз– 등은 뒤에 자음이 둘 이상 올 때 발음상의 편이를 위해 철자 o가 삽입되어 обо–, подо–, разо–가 된다.

5) 불완료상 –ы(и)в–: 완료상 –ø–

완료상 동사의 어간에 접미사 ы(и)в를 붙여 불완료상이 된다.

이 부류에 속하는 동사들의 대부분은 어미가 –ать이다.

вме́шиваться	—	вмеша́ться(철자규칙 1번)
воспи́тывать	—	воспита́ть

вызыва́ть	–	вы́звать
выка́чивать	–	вы́качать
выска́зываться	–	вы́сказаться(о чём)
дога́дываться	–	догада́ться
дока́зывать	–	доказа́ть
завоёвывать	–	завоева́ть
заду́мываться	–	заду́маться
заде́рживать	–	задержа́ть(철자규칙 1번)
заинтересо́вывать	–	заинтересова́ть
зака́зывать	–	заказа́ть
заме́шивать	–	замеша́ть(철자규칙 1번)
зараба́тывать	–	зарабо́тать
застрахо́вывать	–	застрахова́ть
обду́мывать	–	обду́мать
образо́вывать	–	образова́ть
ока́зывать(ся)	–	оказа́ть(ся)
опа́здывать	–	опозда́ть
опра́вдывать	–	оправда́ть
отка́зывать(ся)	–	отказа́ть(ся)
перевоспи́тывать	–	перевоспита́ть
переде́лывать	–	переде́лать
переме́шивать	–	перемеша́ть(철자규칙 1번)
перепи́сываться	–	переписа́ться
подпи́сывать	–	подписа́ть
поды́скивать	–	подыска́ть(철자규칙 1번)
пока́зывать	–	показа́ть
предска́зывать	–	предсказа́ть

причё**сыва**ть	—	причеса́ть
про́и**грыва**ть	—	проигра́ть
прономеро́**выва**ть	—	прономерова́ть(= пронумеровать)
разочаро́**выва**ть(ся)	—	разочарова́ть(ся)
распу́**тыва**ть	—	распу́тать
рассчи́**тыва**ть	—	рассчита́ть
согласо́**выва**ть	—	согласова́ть
ука́**чива**ть	—	укача́ть
упако́**выва**ть	—	упакова́ть

6) 불완료상 -ы(и)ва-: 완료상 -о-

выка́лывать	—	вы́колоть(찔러서 뚫다)
отка́лыва**ть	—	отколо́ть
отпа́рыва**ть	—	отпоро́ть(솔기를 풀어헤치다)
прока́лыва**ть	—	проколо́ть
раска́лыва**ть	—	расколо́ть
пропа́лыва**ть	—	прополо́ть(얼마 동안 제초하다)
распа́рыва**ть	—	распоро́ть

7) 불완료상 -ива-: 완료상 -я-

выме́н**ива**ть	—	вы́меня́ть
выста́**ива**ть	—	вы́стоя́ть
наста́**ива**ть	—	настоя́ть
обме́н**ива**ть	—	обменя́ть
отта́**ива**ть	—	отта́я́ть
отча́**ива**ться	—	отчая́ться

раска́иваться   —   раска́яться(в чём)

рассе́ивать(ся)   —   рассе́ять(ся)

ура́внивать   —   уравня́ть

8) 불완료상 –а–: 완료상 –ну–

вздыха́ть   —   вздохну́ть

вника́ть   —   вни́кнуть(во что)

достига́ть   —   дости́гнуть(= дости́чь)

замыка́ть   —   замкну́ть(ы–θ)

изчеза́ть   —   изче́знуть

крича́ть   —   кри́кнуть

отверга́ть   —   отве́ргнуть

отвыка́ть   —   отвы́кнуть

привыка́ть   —   привы́кнуть

дви́гать   —   дви́нуть

(불완료상의 –ать앞의 г가 완료상에서는 없어짐)

раздви́гать   —   раздви́нуть

(불완료상의 –ать앞의 г가 완료상에서는 없어짐)

9) 불완료상 –ы(и)ва–: 완료상 –ну

вта́лкивать   —   втолкну́ть

вычёркивать   —   вы́черкнуть

застёгивать   —   застегну́ть

захло́пывать   —   захло́пнуть

обма́нывать   —   обману́ть

ста́лкивать	—	столкну́ть
подчёркивать	—	подчеркну́ть

10) 불완료상 –(к, г, т, д)ы(и)ва–: 완료상 –øну–

불완료상의 –ы(и)ва 앞의 к, г, т, д가 완료상에서는 없어지며 –ну–로 접미사가 변화된다.

вки́дывать	—	вки́нуть
выгля́дывать	—	вы́глянуть
вытя́гивать	—	вы́тянуть
дотя́гивать	—	дотяну́ть
загля́дывать	—	загляну́ть
задёргивать	—	задёрнуть
заки́дывать	—	заки́нуть
затра́гивать	—	затро́нуть
оття́гивать	—	оттяну́ть
повёртывать(회화체= повора́чивать)	—	поверну́ть
протя́гивать	—	протяну́ть
сдёргивать	—	сдёрнуть

11) 불완료상 –ы(и)ма–: 완료상 –а(я)–

выжима́ть	—	вы́жать(철자규칙 2번)
нажима́ть	—	нажа́ть(철자규칙 2번)
восприним́ать	—	восприня́ть
прижима́ть	—	прижа́ть(철자규칙 2번)
разжима́ть	—	разжа́ть(철자규칙 2번)
занима́ть	—	заня́ть

поднима́ть	–	подня́ть
понима́ть	–	поня́ть
принима́ть	–	приня́ть
снима́ть	–	снять

12) 불완료상 –ы (и)на–: 완료상 –а(я)–

| начина́ть(ся) | – | нача́ть(ся) |
| размина́ть | – | размя́ть(반죽하다) |

13) 불완료상 –ира–: 완료상 –ере–

вытира́ть	–	вы́тереть
замира́ть	–	замере́ть
запира́ть	–	запере́ть
натира́ть	–	натере́ть
обтира́ть	–	обтере́ть
отмира́ть	–	отмере́ть
отпира́ть	–	отпере́ть
подпира́ть	–	подпере́ть
растира́ть	–	растере́ть
стира́ть	–	стере́ть
умира́ть	–	умере́ть
упира́ть(ся)	–	упере́ть(ся)

3 어미변화에 따른 불완료상, 완료상 만들기

1) 불완료상 –г(к)а́ть: 완료상 –чь

достига́ть	—	дости́чь(чего)(= достигнуть)
налега́ть	—	нале́чь
напряга́ть	—	напря́чь
оберега́ть	—	обере́чь
острига́ть	—	остри́чь
помога́ть	—	помо́чь
приберега́ть	—	приберечь
разжига́ть	—	разже́чь(и→е)
сберега́ть	—	сбере́чь
втека́ть	—	вте́чь
выпека́ть	—	вы́печь
извлека́ть	—	извле́чь
обрека́ть	—	обре́чь
отвлека́ть	—	отвле́чь
пересека́ть	—	пересе́чь
привлека́ть	—	привле́чь
развлека́ть	—	развле́чь
увлека́ть	—	увле́чь
참고로 зажига́ть	—	заже́чь(и→е로 변함)

2) 불완료상 –за́ть: 완료상 –зть

влеза́ть	—	влезть
обгрыза́ть	—	обгры́зть

| перегрыз**а́**ть | — | перегры́**зть** |

3) 불완료상 −д**а́**ть: 완료상 −сть

불완료상의 −д**а́**ть는 д↔с자음교체가 일어나서 완료상에서 −сть로 된다.

впа**да́**ть	—	впа**сть**(во что)
нае**да́**ться	—	нае́**сть**ся
надое**да́**ть	—	надое́**сть**
осе**да́**ть	—	осе́**сть**(가라앉다, 앙금이 앉다)
присе**да́**ть	—	присе́**сть**(무릎을 구부리다)
прое**да́**ть	—	прое́**сть**(깨물어 먹어 뚫다, 침식하다)
совпа**да́**ть	—	совп**а́сть**

4) 불완료상 −자음 **а́**ть: 완료상 −ст**и́**

불완료상 동사의 −**а́**ть 앞의 з 이외의 자음은 완료상에서 с로 교체되어 −ст**и́**가 된다.

вме**та́**ть	—	вме**сти́**
вра**ста́**ть	—	вра**сти́**
выгре**ба́**ть	—	вы́гре**сти**
догре**ба́**ть	—	догре**сти́**
запа**са́**ть	—	запа**сти́**
зара**ста́**ть	—	зара**сти́**
изобре**та́**ть	—	изобре**сти́**(발명하다, 고안하다)
обра**ста́**ть	—	обра**сти́**
обре**та́**ть	—	обре**сти́**(발견하다, 찾아내다)
отра**ста́**ть	—	отра**сти́**
потря**са́**ть	—	потря**сти́**

приобрета́ть	–	приобрести́(획득하다, 얻다)
рассвета́ть	–	рассвести́
расплета́ть	–	расплести́
расцвета́ть	–	расцвести́
сгреба́ть	–	сгрести́
соблюда́ть	–	соблюсти́
спаса́ть	–	спасти́

5) 불완료상 –за́ть: 완료상 –зти́

вполза́ть	–	вползти́
выполза́ть	–	вы́ползти
дополза́ть	–	доползти́

4 접두사, 접미사가 함께 변하는 불완료상, 완료상 만들기

다음과 같은 몇몇 동사들은 불완료상에 접두사도 첨가되고, 접미사도 바뀌어 완료상이 된다.

ве́шать	–	пове́сить
кла́няться	–	поклони́ться(кому)
роня́ть	–	урони́ть
руча́ться	–	поручи́ться(кому за что)
сажа́ть	–	посади́ть(ж-д 자음교체)

1. покупать – купить는 완료상 купить에 접두사 по–가 첨가되고, 접미사가 변화되어 불완료상이 된 꼴이므로, 다음 단락의 불완료상, 완료상이 완전 다른 꼴에 넣는다.

2. пада́ть – упа́сть는 불완료상 падать에 접두사 у가 첨가되고, 어미가 변화되어 완료상이 된다.

5 불완료상, 완료상이 완전 다른 꼴

같은 어근에 접두사, 접미사, 어미변화가 이루어져 상이 바뀌는 것이 아니고, 불완료상, 완료상이 완전 다른 꼴로 그 짝을 이루는 다음과 같은 동사들이 있다.

брать	–	взять
иска́ть	–	найти́
класть	–	положи́ть
лови́ть	–	пойма́ть
ложи́ться	–	лечь
покупа́ть	–	купи́ть
предпочита́ть	–	предпоче́сть(кого–что, кому–чему)
происходи́ть	–	произойти́
сади́ться	–	сесть
станови́ться	–	стать
счита́ть	–	счесть(간주하다)

의미에 따라 다른 상의 짝을 갖는 동사들 **2**

1 гото́вить (нсв)

гото́вить	—	пригото́вить(요리하다)
гото́вить	—	подгото́вить(준비하다)

2 старе́ть (нсв)

старе́ть	—	постаре́ть(늙다, 고령이 되다)
старе́ть	—	устаре́ть(낡아지다, 구식이 되다)

3 счита́ть (нсв)

счита́ть	—	сосчита́ть(계산하다)
счита́ть	—	счесть(간주하다)

4 учи́ть (нсв)

учи́ть	—	научи́ть(чему)(가르치다)
учи́ть	—	вы́учить(что)(암송하다)

5 приложи́ть (св)

приклáдывать   –   приложи́ть(옆에 놓다, 더 놓다)

прилагáть   –   приложи́ть(첨부하다, 적용하다)

참고로 вырывáть는 불완료상으로 다음의 두 가지 뜻으로 쓰이는 각기 다른 완료상을 갖고 있다. 이는 각각 рывать(뽑다нсв)와 рыть(파다нсв)에서 만들어진 2단계[17] 불완료상이다.

вырывáть   –   вы́рвать(뽑아내다)

вырывáть   –   вы́рыть(파내다, 채굴하다)

---

17) 2단계 상의 형성에 대해서는 뒷부분의 **5** 단락을 참고하시오.

상의 짝을 갖지 못하는 동사 3

1 항상 불완료상으로만 쓰이는 동사

безде́йствовать, ве́сить, висе́ть, грани́чить, заве́довать, зави́сеть, зна́чить, име́ть, интересова́ться, критикова́ть, лежа́ть, наблюда́ть, находи́ться, нужда́ться, обща́ться, ожида́ть, отрица́ть, отсу́тствовать, подража́ть, предви́деть, предше́ствовать, приве́тствовать, прису́тствовать, разнообра́зить, руководи́ть, сиде́ть, сознава́ть, соотве́тствовать(чему), соревнова́ться, состоя́ть, сочу́вствовать, сто́ить, стоя́ть, стреми́ться, существова́ть, уважа́ть, уча́ствовать, уха́живать, явля́ться(кем) …

참고로 вы́глядеть는 '…처럼 보이다'의 뜻일 때는 항상 불완료상으로만 쓰이나, '찾아내다, 몰래 살피다'의 뜻으로는 완료상이 되어 выгля́дывать라는 불완료상의 짝을 갖고 사용된다.

2 항상 완료상으로만 쓰이는 동사

의미상 순간적이거나, 일회적 짧은 동작을 나타내는 동사(хлы́нуть, ри́ну́ться,

сту́кнуть …)나, 의미상 결과나 완성을 나타내는 동사(отшуме́ть, допроси́ться
…), 그 외에 다음과 같은 동사들은 항상 완료상으로만 쓰인다.

взмоли́ться, возгорди́ться, возомни́ть, возопи́ть, гря́нуть,
избежа́ть, мо́лвить, опо́мниться, очну́ться, очути́ться,
перестара́ться, пона́добиться, приуро́чить, раскрича́ться,
ру́хнуть, сконча́ться, соску́читься …

3 한 형태로 불완료상으로도 완료상으로도 다 쓰이는 동사

арестова́ть, аргументи́ровать, возде́йствовать,
гаранти́ровать, дегради́ровать, дисциплини́ровать,
завеща́ть, иссле́довать, испо́льзовать, констати́ровать,
национализи́ровать, обеща́ть, реализова́ть(ся),
стабилизи́ровать, характеризова́ть …

한 형태로 강세에 따라 불완료상, 완료상이 달라지는 동사

4

다음의 동사들은 동사의 형태는 같으나 강세에 따라 불완료상, 완료상이 다르다.

высыпáть — вы́сыпать(쏟아 버리다)

засыпáть — засы́пать(흙, 모래 등으로 메우다)

насыпáть — насы́пать(표면에 뿌리다, 뿌려서 채우다)

осыпáть — осы́пать(여러 곳에 끼얹다, 장식 등을 달다)

отсыпáть — отсы́пать(곡물가루를 달아서 나누다, 아낌없이 주다)

посыпáть — посы́пать(뿌려서 덮다)

просыпáть — просы́пать(가루 등을 엎지르다)

рассыпáть — рассы́пать(사방에 흩뿌리다)

вырезáть — вы́резать(잘라내다)

нарезáть — нарéзать(많이 베다, 다지다, 썰다)

обрезáть — обрéзать(주위를, 일부를 자르다)

отрезáть — отрéзать(잘라서 떼어내다)

подрезáть — подрéзать(밑을 자르다)

разрезáть — разрéзать(몇 조각으로 자르다, 구분하다)

срезáть — срéзать(잘라내다, 낙제시키다)

상의 짝을 이루는 2단계 불완료상, 완료상의 형성

    불완료상, 완료상이 상의 쌍을 이룬다는 것은 어휘적 의미는 같으나 상적 의미만 다른 상의 짝을 말한다. 그것과는 다르게 불완료상에 접두사가 붙어 어휘적 의미가 달라지는 완료상이 될 수도 있는 데 이것은 본래의 불완료상 동사와 상의 짝이라고는 볼 수 없다. 예를 들어 писа́ть - написа́ть는 상의 짝이지만 불완료상 писа́ть에 пере-라는 접두사가 붙은 переписа́ть는 писа́ть와는 상의 짝이 아니다. 이는 어휘적 의미가 '다시 쓰다, 고쳐 쓰다'라고 의미 첨가가 되었기 때문이다. 이와 같이 의미가 첨가된 완료상에 다시 접미사 -ы(и)в-가 붙어 перепи́сывать가 되면 '다시 쓰다, 고쳐 쓰다'라는 어휘적 의미는 같으나, 상적 의미만이 다른 불완료상이 되어 переписа́ть와 상의 짝이 되어 2단계 불완료상, 완료상의 짝이 만들어지게 된다. 완료상에 보통 접미사 -ы(и)в-, -ы(и)ва-, -ва-등이 다시 붙어 2단계 불완료상이 되며, 이때 어간의 모음이 -o에서 -a로 변화되는 경우도 종종 있다.

броса́ть(НСВ.던지다)   —   бро́сить(СВ.)

вы́бра́сывать(НСВ.내던져 버리다, 삭제하다, 해고하다) — вы́бросить

говори́ть(НСВ.말하다)   —   сказа́ть(СВ.)

расска́зывать(НСВ.이야기하다)   —   рассказа́ть(СВ.)

참고: разгова́ривать(НСВ.담화하다) — разговори́ть(СВ.)

говори́ть(нсв.말하다) — сказа́ть(св.)

загова́**рива**ть(нсв.각성하다, 오래 지껄여 상대를 피곤하게 하다)

— **за**говори́ть(св.각성하다, 상대를 피곤하게 하다.말하기 시작하다)

говори́ть(нсв.말하다) — сказа́ть(св.)

угова́**рива**ть(нсв. 설득시키다) — **у**говори́ть(св.)

догова́**рива**ться(нсв.서로 동의하다. 의견일치를 보다.)

— **до**говори́ться(св.)

де́лать(нсв.하다) — сде́лать(св.)

переде́**лыва**ть(нсв.개조하다, 변경하다) — **пере**де́лать(св.)

ду́мать(нсв.생각하다)

приду́**мыва**ть(нсв.고안하다, 생각해내다) — **при**ду́мать(св.)

коло́ть(нсв.깨뜨리다, 쪼개다) — кольну́ть(св.)

раска́**лыва**ть(нсв.쳐서 깨뜨리다, 분열시키다) — **рас**коло́ть(св.)

лечи́ть(нсв.치료하다)

поле́**чива**ть(нсв.잠시 이따금 치료하다) — **по**лечи́ть(св.)

писа́ть(нсв.쓰다) — написа́ть (св.)

перепи́**сыва**ться(нсв. 서신교환하다) — **пере**писа́ться(св.)

рыть(нсв.파다)

подрыва́ть — **под**ры́ть(밑으로부터 파다)

смотре́ть(нсв.보다)   —   посмотре́ть(св.)

осма́тривать(нсв.주위를 보다, 관광·진찰하다) — осмотре́ть(св.)

стро́ить(нсв.건축하다)   —   постро́ить(св.)

надстра́ивать(нсв.위로 증축하다)— надстро́ить(св.)

тормози́ть(нсв.브레이크, 제동 걸다)   —   тормозну́ть(св.)

приторма́живать(нсв.조금 브레이크를 걸다)

— притормози́ть(св.조금 브레이크를 걸다) (ж-з 자음교체)

чёркать(нсв.줄긋다)   —   черкну́ть(св.)

подчёркивать(нсв.밑줄 긋다)   — подчеркну́ть(св.)

чита́ть(нсв.읽다)   —   прочита́ть(св.)

почи́тывать(нсв.잠시 읽다)   —   почита́ть(св.잠시 읽다)

перечи́тывать(нсв. 여러번 읽다) —   перечита́ть(св.)

접두사나 접미사가 붙어 의미의 첨가를 이루는 완료상 **6**

① 접두사가 붙어 의미 첨가를 이루는 완료상

< по- >

1) 잠깐 동안, 잠시

① 다음과 같은 동사들은 접두사 по-가 붙어 '잠시'의 의미를 나타낸다.

бы́ть	—	побы́ть(잠시 체류하다)
бе́гать	—	побе́гать
бесе́довать	—	побесе́довать
боле́ть	—	поболе́ть
болта́ть	—	поболта́ть
весели́ться	—	повесели́ться
говори́ть	—	поговори́ть
горе́ть	—	погоре́ть
грусти́ть	—	погрусти́ть
гуля́ть	—	погуля́ть
де́лать	—	поде́лать
ду́мать	—	поду́мать
ды́шать	—	поды́шать
жить	—	пожи́ть

зева́ть	–	позева́ть
иска́ть	–	поиска́ть
игра́ть	–	поигра́ть
кури́ть	–	покури́ть
лежа́ть	–	полежа́ть
лета́ть	–	полета́ть
лечи́ть	–	полечи́ть
мечта́ть	–	помечта́ть
молча́ть	–	помолча́ть
петь	–	попе́ть
писа́ть	–	пописа́ть
пры́гать	–	попры́гать
руководи́ть	–	поруководи́ть
рыть	–	поры́ть
сиде́ть	–	посиде́ть
стоя́ть	–	постоя́ть
чита́ть	–	почита́ть
шепта́ть	–	пошепта́ть
	…	

Я **покурил** 5 минут.

잠시 담배 피웠다.

Я хотел **поговорить** с тобой несколько минут.

잠시 말하다

참고로 бы́ть에 по-가 붙어 이루어진 동사 побы́ть는 "잠시 체류하다"의 뜻으로 쓰이지만, быва́ть – побыва́ть는 "여러 곳을 돌아다니다, 방문하다"의 뜻임을 주의한다.

② 이동 동사 부정태동사(разнонаправленные глаголы)에 접두사 по–가 붙으면 부정태동사의 '~여기저기를 다니다'의 의미에, '잠깐 동안, 잠시'의 의미가 첨가된다. 이러한 동사들은 문장에서 잠시 동안을 나타내는 기간 표시 단어와 по+여격명사표현과 함께 쓰인다.

> Он <u>походил</u> только полчаса по парку, но очень устал.
> 그는 단지 30분 동안만 공원 여기저기를 잠시 돌아다녔는데, 너무나 지쳤다.
>
> Она <u>поездила</u> по стране две недели, но так его и не нашла.
> 그녀는 2주 동안 나라 여기저기를 잠시 돌아다녔지만, 그를 찾지도 못했다.
> (주의: поезжать라는 동사는 러시아어에 존재하지 않는다.)

그러므로 이러한 동사의 '잠시'라는 의미에 맞지 않는 시간부사가 쓰인 다음과 같은 문장들은 비문법적인 문장이 된다.

> * Он <u>походил</u> весь день по парку, и очень устал.
> * Она <u>поездила</u> целый год по стране, но так его и не нашла.

2) 시작

이동 동사 정태동사(однонаправленные глаголы)에 접두사 по–가 붙으면 행동의 '시작'의 의미가 첨가된다.

бежа́ть	–	побежа́ть
идти́	–	пойти́
лете́ть	–	полете́ть
вести́	–	повести
		…

> Он **пошёл** в библиотеку заниматься.
> Птица **полетела** к лесу.
> Мать **повела** его в парк.

그 외 다음과 같은 일부 동사들에서도 시작의 의미가 첨가된다.

люби́ть	–	полюби́ть,
нра́виться	–	понра́виться
чу́вствовать	–	почу́вствовать
дуть	–	поду́ть
		…

〈 при- 〉

다음과 같은 불완료상 동사에 접두사 при-가 붙으면 완전하지 못하고 "약간"이라는 의미(неполное действие)가 첨부되는 완료상이 된다.

боле́ть	–	приболе́ть
вста́ть	–	привста́ть
лечь	–	приле́чь

сесть	—	присе́сть
тормози́ть(нсв)	—	притормози́ть(св)
		(참고: притормáживать(нсв))

< про- >

1) 일정 기간 동안(긴 시간 내내) 행동이 계속 이루어짐

боле́ть	—	проболе́ть
болта́ть	—	проболта́ть
жить	—	прожи́ть
говори́ть	—	проговори́ть
кури́ть	—	прокури́ть
лежа́ть	—	пролежа́ть
сиде́ть	—	просиде́ть
спа́ть	—	проспа́ть
спо́рить	—	проспо́рить
стира́ть	—	простира́ть
танцева́ть	—	протанцева́ть
убира́ть	—	проубира́ть
	…	

Он **прожил** в Сеуле три года.
Когда мы встретились, мы **проговорили** всю ночь.

2) 운동동사에 붙어 쓰이면 '...을 통과하여 지나감'의 뜻으로 쓰인다.

> Он <u>проходил</u> мимо дома.
> Я **прошёл** через парк.
> Она <u>проезжала</u> через лес.
> Она **проехала** мимо киоска.

〈 за- 〉

1) 시작

① 소리를 나타내는 동사와 함께

аплоди́ровать	–	зааплоди́ровать
боле́ть	–	заболе́ть
говори́ть	–	заговори́ть
дрожа́ть	–	задрожа́ть
дуть	–	заду́ть
игра́ть	–	заигра́ть
ка́шлять	–	зака́шлять
крича́ть	–	закрича́ть
петь	–	запе́ть
плака́ть	–	заплака́ть
смея́ться	–	засмея́ться
стуча́ть	–	застуча́ть
шуме́ть	–	зашуме́ть
	…	

② 후각을 나타내는 동사와 함께

завоня́ть(악취가 나기 시작하다), запа́хнуть(냄새가 나기 시작하다) …

③ 시각적 현상을 나타내는 동사와 함께

заблесте́ть(반짝이기 시작하다), зазелене́ть(녹색이 되기 시작하다) …

2) 운동동사 앞에 붙어 '들르다'의 뜻으로도 쓰임

> Он **зашёл** в кафе.
> Он заходил в магазин.
> Она **заехала** к другу.
> Она заезжала ко мне.

참고로 за+운동동사(부정태)는 문맥에 따라 по+장소명사(여격)와 함께 쓰여 '여기저기를 다니기 시작하다'의 뜻으로도 쓰인다.

> Он заходил по комнате.
>   방 안 여기저기를 돌아다니기 시작했다.
>
> Она забегала по парку.
>   그녀는 공원 여기저기를 뛰어다니기 시작했다.

< ВЗ(ВС)- >

다음과 같은 동사들은 불완료상 동사에 접두사 вз-가 붙으면 '시작'의 의미나 '위로의 동작'을 나타내는 완료상이 된다.

1) 시작의 의미

кипе́ть   —   вскипе́ть(끓기 시작하다)

игра́ть(요동치다)   —   взыгра́ть(요동치기 시작하다)

трепета́ть(흔들리다, 떨다)   —   вострепета́ть(흔들리기 시작하다)

(위 예에서 вс 뒤에 자음이 겹칠 경우는 발음의 편의를 위해 в와 с사이에 '출몰모음 о'가 들어간다.)

> Мо́ре **взыгра́ло**.
> Молоко́ **вскипе́ло**.

---

2) 위로의 방향의 의미

еро́шить   —   взъеро́шить(위로 머리칼을 헝클다)

бежа́ть   —   взбежа́ть(뛰어 올라가다)

дуть   —   вздуть(불어 올리다, 날려 올리다)

ползти́   —   взползти́ (기어 올라가다)

пучи́ть   —   вспучи́ть(부풀어 오르다)

< воз(вос)- >

불완료상 동사에 접두사 воз-가 붙으면 '높이 고양된 상태, 위로 높이 올리는 행위'를 나타내는 완료상이 되는 다음과 같은 동사들이 있다.

вести́   —   возвести́(위로 높이 올리다)

кли́кнуть   —   воскли́кнуть(감탄으로 소리 높여 말하다)

люби́ть   —   возлюби́ть(사랑하는 것이 높은 단계에 이르다. – 사랑에 빠지다.)

мечта́ть	—	возмечта́ть(높이 꿈꾸다 – 공상하다)
пари́ть	—	воспари́ть(높이 날아오르다)
расти́	—	возрасти́(높이 증가, 증대하다)

2 접미사가 붙어 의미의 첨가를 이루는 완료상

접미사 -ну-는 짧은 한순간의 동작을 나타내게 된다.

бры́згать	—	бры́знуть
вздра́гивать	—	вздро́гнуть
вспы́хивать	—	вспы́хнуть

дви́гать	—	дви́нуть
крича́ть	—	кри́кнуть
пры́гать	—	пры́гнуть

свиста́ть	—	сви́стнуть
спры́гивать	—	спры́гнуть
стуча́ть	—	сту́кнуть
толка́ть	—	толкну́ть
тормози́ть	—	тормозну́ть
улыба́ться	—	улыбну́ться
шага́ть	—	шагну́ть

...

> Паровоз **свистнул**.
>
> 기관차가 기적소리를 한 번 짧게 울렸다.
>
> Он ехал на мотоцикле, потом вдруг **тормознул**.
>
> 그는 오토바이를 타고 가다가, 그 후에 갑자기 한순간 브레이크를 걸었다.

3 접두사와 접미사가 붙어 의미의 첨가를 이루는 완료상

1) за-+~ся

불완료상 동사에 접두사 за와 어미에 -ся를 붙이면 '부정적 결과를 낳는 의미'의 완료상이 되는 동사들이 있다.

брать	–	забра́ться(매점매석하다, 너무 과중한 일을 맡다)
говори́ть	–	заговори́ться(너무 쓸데없이 지껄이다)
игра́ть	–	заигра́ться(지나치게 놀다)
рабо́тать	–	зарабо́таться(너무 지나치게 지칠 정도로 일하다)

> Дети так **заигрались**, что не успели решить задачи.
>
> 애들은 지칠 정도로 너무 놀아서, 과제를 풀지 못했다.

2) на-+~ся

불완료상 동사에 접두사 на와 어미에 -ся를 붙이면 '더는 할 수 없을 정도로 충분히 그 행위를 했다'는 의미의 긍정적 결과를 낳는 완료상이 되는 동사들이 있다.

есть	–	нае́сться

игра́ть	—	наигра́ться
танцева́ть	—	натанцева́ться
пить	—	напи́ться
сиде́ть	—	насиде́ться
смотре́ть	—	насмотре́ться

Хоти́те ещё?
- Спаси́бо, но я **нае́лся**.
더 먹을 수 없을 정도로 충분히 많이 먹었습니다.

---

3) раз(рас)-+~ся

불완료상 동사에 접두사 раз-와 어미에 -ся를 붙이면 '시작하여 점진적으로 커져 극대화되는 의미'의 완료상의 동사들이 있다.

волнова́ть	—	разволнова́ться
крича́ть	—	раскрича́ться
игра́ть	—	разыгра́ться
танцева́ть	—	растанцева́ться

Де́ти **разыгра́лись**.
애들은 놀기 시작하여 완전히 맘껏 놀았다.

Он **раскрича́лся**.
그는 외치기 시작하여 점점 크게 소리 질렀다.

러시아어 철자규칙

1번: г, к, х, ж, ч, ш, щ 뒤에서는 ы 대신 и로 쓴다.

2번: г, к, х, ж, ч, ш, щ, ц 뒤에서는 я, ю 대신 а, у로 쓴다.

3번: ж, ч, ш, щ, ц 뒤에서는 비강세 о 대신 е로 쓴다.

연습문제

동사의 상의 일반적 개념

과정(진행)-완료

● 괄호에서 문맥상 맞는 상의 동사를 고르고, 그 쓰임을 설명하시오.

1. Посуда чистая, потому что Вера уже (вымыла, мыла) её. 지문

2. Она долго (пила, выпила) чай, потому что он был горячий.

3. Мама уже (приготовила, готовила) вкусный обед, и я сразу пообедала.

4. Он знает стихотворение, потому что он хорошо (научил, выучил, учил, учился) его.

5. Он (научил, выучил, учил, учился) слова за 20 минут.

6. Он (научил, выучил, учил, учился) русскому языку 3 года.

(그는 3년동안 러시아어를 배웠다.)

7. Он (научился, выучил, учил, учился) русскому языку за 3 года.(그는 3년 만에 러시아어를 다 배웠다.)

8. Они (писали, написали) диктант, и учитель взял их тетради.

9. Они (писали, написали) курсовую работу неделю.

10. Они (писали, написали) курсовую работу за неделю.

11. Я (решал, решил) задачу 2 часа, а мой брат всё делает быстро: он (решал, решил) за час.

12. Антон (переводит, переведёт) текст час.

13. Я всё утро (перевёл, переводил) статью.

14. Иван (перевёл, переводил) статью за час.

15. Я (буду читать, прочитаю) книгу 2 дня.

16. Я (переведу, буду переводить) статью за 2 дня.

17. Завтра они (будут ужинать, поужинают) час.

18. Завтра они (будут ужинать, поужинают) за час, и потом пойдут на экскурсию.

19. Летом целый месяц я (отдохну, буду отдыхать) на юге.

20. Сколько времени вы вчера (завтракали, позавтракали)?

반복–일회성

● 괄호에서 문맥상 맞는 상의 동사를 골라 맞는 꼴로 쓰고, 그 쓰임을 설명하시오.

1. Каждое утро Иван (встал, вставал) в семь часов, а сегодня (встал, вставал) в восемь часов.

2. Каждую неделю он (писать, написать) письма домой.

3. Я всегда (отвечал, ответил) на ваши вопросы, но сегодня я не (отвечал, ответил).

4. Где вы часто (обедать, пообедать)?

5. Какую газету ты обычно (купить, покупать)?

6. Мы иногда (завтракать, позавтракать) в буфете.

7. Из командировки он каждый день (связываться, связаться) с семьёй. Завтра он обязательно (связываться, связаться) со мной.

8. Он редко (ужинал, поужинал) в ресторане.

9. По субботам мы (осмотрели, осматривали) город.

10. В прошлом году я каждое воскресенье (играл, сыграл) в баскетбол, а в этом году один раз (играл, сыграл) в волейбол.

11. Я (купил, покупал) журналы в киоске на первом этаже, а сегодня (купил, покупал) журнал в другом месте.

12. Я иногда (брал, взял) книги в этой библиотеке. И в будущем всегда (буду брать, возьму) книги здесь.

13. Моя подруга каждый день (позвонила, звонила) мне,

а после ссоры сегодня она не (*позвонила, звонила*).

14. Обычно дети (*легли, ложились*) спать в девять часов,
а сегодня они (*легли, ложились*) спать в десять.

15-16. Вы часто (*приглашали, пригласили*) Ивана в гости?

– Часто.

– А вы (*приглашали, пригласили*) его на день рождения?

– Да, я (*приглашали, пригласили*) его. Он придёт.

17-19. Ты каждую неделю (*послал, посылал*) письма домой?

– Да, конечно. Сегодня я тоже (*послал, посылал*) большое
письмо и (*рассказывал, рассказал*) о последней экскурсии.

20. Часто вы (*встретили, встречали*) Ольгу в метро?

– Нет. Только сегодня я её (*встретил, встречал*) там.

행위자체 중심−결과중심

● 괄호의 내용에 맞는 상의 동사를 골라, 맞는 꼴로 쓰시오.

1. - А твой парень образованный человек?

Он (читать, прочитать) хотя бы книгу ʻАнну Каренину'?

~그는 적어도 '안나 카레니나' 책을 읽어본 적 있겠지요?

- Читал.

2. - Ты завтра занят? Что ты (делать, сделать)?

~니는 내일 무엇을 할 거니?

- Я (читать, прочитать) книгу и (переводить, перевести)

текст.

나는 책을 읽고 본문을 번역할 거야.

3. - Ты завтра сможешь без меня все дела сделать?

너는 내일 나 없이 모든 일을 다 할 수 있니?

- Без тебя я (читать, прочитать) книгу и (переводить,

перевести) маленький текст. Остальное не могу.

너 없이 나는 책을 다 읽고 짧은 본문 번역을 끝낼 거야.~

Что вы будете делать в субботу? Какие у вас планы?(4-5)

4. - В субботу соревнования. Мы (играть, сыграть) в футбол.

토요일에 경기가 있어요. 우리는 축구할 겁니다.

5. - В субботу интересный фильм.

Я (смотреть, посмотреть) телевизор.

토요일에 재미있는 영화가 있어요. 나는 텔레비전을 볼 겁니다.

6-7. - Ты (сдавать, сдать) экзамен?

너는 시험에 통과했니?

- Я (сдавать, сдать), но не (сдавать, сдать).

난 시험을 봤으나, 통과는 못했어요.

8. - Почему ты не хочешь рассказать друзьям о своём сыне?

너는 왜 너의 아들에 대해 친구들에게 이야기하기를 원치 않니?

- Я уже всё (рассказывать, рассказать).

벌써 다 얘기했어.

9. - Почему ты думаешь, что получишь хорошую отметку на
   экзамене?

   - Потому что я хорошо (готовиться, подготовиться) к
   экзамену. Я всё знаю.

   ~시험 준비 다 했으니까요.~

10. Вы уже прочитали эту статью?

   - Нет ещё, но я обязательно (читать, прочитать) её.

   아직 못했으나, 반드시 그것을 다 읽을 것입니다.

● 괄호에서 맞는 상의 동사를 골라, 명령꼴로 쓰시오.

1. (Звонить, Позвонить) мне сегодня вечером.

2. (Принимать, Принять) эту таблетку прямо сейчас.

3. (Пить, Выпить) ещё одну чашку чая.

4. (Помогать, Помочь) мне перевести этот текст.

5. (Мыть, Вымыть) руки: посмотри, Какие они у тебя грязные!

6. (Посылать, Послать) другу письмо с соболезнованием: у него умерла мама.

7. Не (открывать, открыть) окно:сегодня очень холодно.

8. Не (говорить, сказать) секрет посторонним.

9. Не (петь, спеть) здесь: люди занимаются.

10. Не (брать, взять) мяч на прогулку.

11. Не (упадать, упасть) : на улице скользко!

12. Не (забывать, забыть) сегодня зонтик: обещали дождь.
    Никогда не (забывать, забыть) зонтик в дождливую погоду.

13. Уже семь часов. (Вставать, Встать)!

14. Кончили читать рассказ? Теперь (писать, написать)
    упражнение.

15. - Здравствуйте!

  - Здравствуйте, рада вас видеть!

  (Входить, Войти), (раздеваться, раздеться).

  Проходите в комнату. Садитесь, располагайтесь!

16. Перепиши это упражнение в тетрадь. Только (переписывать, переписать) внимательнее!

17. Скажите старику об этом. Только (говорить, сказать) громче: он плохо слышит.

18. (Отвечать, Ответить) мне, почему ты не выполнил моей просьбы?

19. (Отвечать, Ответить) на вопросы спокойнее.

20. - Я хочу подняться на эту гору.

  - (Подниматься, Подняться) осторожнее!

원형부정사 구문- 불완료상만, 완료상만 쓰는 경우

3

● 괄호에서 맞는 상의 동사를 고르시오.

1. Я начинаю (писать, написать) реферат.

2. Я начну (повторять, повторить) грамматику.

3. Я начал (решать, решить) задачу.

4. Когда вы кончите (делать, сделать) упражнение?

5. Он кончил (объяснять, объяснить) правило.

6. На уроке студенты продолжают (слушать, послушать) лекцию.

7. Учитель будет продолжать (проверять, проверить) домашнее задание.

8. Артист прочитал стихотворение, и зал начал (аплодировать, поаплодировать).

9. Мне надоело (повторять, повторить) тебе одно и то же.

10. Я отговорил сестру (брать, взять) отпуск.

11. Телефон наконец перестал (звонить, позвонить).

12. Мой брат бросил (курить, покурить).

13. Он устал (рассказывать, рассказать) об этом.

14. Мне осталось (читать, прочитать) одну страницу.

15. Нам удалось (покупать, купить) билеты на спектакль.

16. Я забыл (посылать, послать) другу письмо.

17. Она успела (садиться, сесть) в поезд в последнюю минуту.

18. Он принялся (учить, выучить) новые слова.

19. Она расхотела (писать, написать) другу письмо.

20. Завод прекратил (выпускать, выпустить) эту модель стиральной машины.

과거시제에서의 특수한 상의 의미 **4**

결과의 무효화-과거에서 지금까지 존재하는 행위

● 다음에 맞는 동사를 괄호에서 고르시오.

1. Окно закрыто, а в комнате холодно.

Кто (открывал, открыл) окно?

2. В комнате так хорошо дышится: он (открывал, открыл) окно, чтобы проветрить комнату.

3. (Телевизор сейчас выключен.)

Я (включал, включил) телевизор, чтобы посмотреть фильм.

4. (Телевизор сейчас включен.)

Я (включал, включил) телевизор, чтобы посмотреть фильм.

5. (Письмо сейчас на почте)

Почтальон (приносил, принёс) вам заказное письмо, но вас не было.

6. (Письмо сейчас здесь.)

Почтальон (приносил, принёс) вам письмо.

7. Почему Иван отсутствует на сегодняшнем занятии?

Потому что он (болел, заболел).

8. Мне (понравились, нравились) эти туфли.

Я хочу купить их.

사전에 언급, 동의, 의도된 결과로서의 행위실행

● 발화시점 이전에 계획하고, 기대하고, 동의하고, 언급되었던 행위를 수행했다는 상적 의미에 맞는 러시아어 동사를 괄호에서 고르시오.

9. 너 '형제들'이라는 영화 봤니?

Ты (смотрел, посмотрел) фильм 'Братья'?

Недавно вышел.

10. 너 우리가 말했던 영화 '형제들' 봤니?

Ты (смотрел, посмотрел) фильм 'Братья'?

Я тебе рекомендовал вчера.

11. 당신은 우리 방을 예약하려 호텔로 전화하셨어요?

Вы (звонили, позвонили) в гостиницу, чтобы нам оставили номер?

12. 호텔로 당신이 전화하겠다고 했었는데, 우리 방을 예약하려 전화하셨어요?

Вы (звонили, позвонили) в гостиницу, чтобы нам оставили номер?

Я же вас просил.

13. Ты (приносил, принёс) зонтик?

Я уже предупредил тебя, что будет дождь сегодня.

14. Он (покупал, купил) билеты на кино?

Мы договорились, что это его дело.

15. Почему ты не (пел, спел) эту песню?

Ведь все так просили тебя!

반복상

● 일반적 반복인지, 간격 없이 반복되어 전체를 하나의 행위로 볼 수 있는 반복인지 쓰고,
그 상적 의미에 맞는 러시아어 동사를 괄호에서 고르시오.

1. Он всегда внимательно (проверял, проверил) свои
контрольные работы, перед тем как их сдавать.

2. Он несколько раз внимательно (проверял, проверил) свои
контрольные работы и сдал их преподавателю.

3. Мать (перечитывала, перечитала) письмо сына два раза.

4. Мать часто (перечитывала, перечитала) письмо сына.

5. Сегодня перед сном мать три раза (целовала, поцеловала)
ребёнка.

6. Каждую ночь перед сном мать (целовала, поцеловала)
ребёнка.

7. Я дал рабочему контракт, и он дважды (прочитывал, прочитал) условия работы.

8. Студент всегда внимательно (прочитывал, прочитал) условия задачи.

9. Учитель собрал работы учеников, и дважды (подчёркивал, подчеркнул) ошибки красным карандашом.

10. Проверяя работы учеников, учитель редко (подчёркивал, подчеркнул) ошибки красным карандашом.

중문, 복문에서의 상   **6**

동시동작

● 다음은 앞 절과 뒷 절의 동작이 동시에 일어나는 것(одновременность)을 나타
내는 문장들이다. 괄호에서 맞는 상의 동사를 골라 맞는 꼴로 고치시오.

1. Он ужинает и (смотреть, посмотреть) телевизор.

2. Она готовила обед и (слушать, послушать) радио.

3. Я буду завтракать и (читать, прочитать) журнал.

4. Когда профессор читал лекцию, студенты внимательно
(слушать, послушать).

5. В то время как школьники осматривали выставку, а учитель
(разговаривать, разговорить) с охраной.

- 다음 문장들은 앞 절의 한 동작이 끝나고, 뒷 절의 다른 동작이 순차적으로 연결됨 (**последовательность**)을 나타내는 표현들이다. 괄호에서 맞는 상의 동사를 골라 맞는 꼴로 고치시오.

6. Дождь (кончаться, кончиться), и мы пошли домой.

7. Когда Ольга вспомнила о дне рождения сестры, она сразу (отправлять, отправить) ей электронную открытку.

8. Когда дети (видеть, увидеть) отца, они побежали к нему.

9. После того как мы (отдыхать, отдохнуть), мы сели читать журнал.

10. После того как учитель ушёл, разговор (возобновляться, возобновиться).

앞 절, 뒤 절에 НСВ, СВ를 같이 쓰는 경우

● 다음은 앞에 한 동작이 끝나 결과가 있고, 그 후 다른 동작의 과정이 진행되거나, 한 동작이 진행되는 중에 다른 동작이 끼어들어 완료됨(результат одного действия -процесс другого действия)을 나타내는 문장들이다. 괄호에서 맞는 상의 동사를 골라 맞는 꼴로 고치시오.

11. Когда студенты написал и контрольную работу, профессор долго (проверять, проверить) её.

학생들이 쪽지시험도 다 쓴 후, 교수는 오랫동안 그것을 점검하고 있었다.

12. Она всегда (покупать, купить) продукты, когда шла домой.

그녀는 집에 오는 도중에, 항상 음식을 샀다,

Сегодня она (покупать, купить) продукты, когда шла домой.

오늘 그녀는 집에 오는 도중에, 음식을 샀다,

13. Когда он вернётся домой, его жена (готовить, приготовить) ужин.

그가 집에 돌아올 때, 그의 부인은 저녁을 준비하고 있을 것이다.

14. Когда отошёл поезд, мать долго (стоять, постоять) на платформе.

기차가 떠났을 때, 어머니는 오랫동안 플랫폼에서 서있었다.

15. Когда друзья встретились, они дого (вспоминать, вспомнить) школьные годы.

친구들이 서로 만난 후, 그들은 오랫동안 학창시절을 회상했다.

심층문제

● 다음을 러시아어로 옮길 때 들어갈 적절한 단어를 러시아어로 쓰시오.

1. 죄송한데요, 저는 다음 정류장에 내려야 되요.

Простите, мне _____ на следующей остановке.

2. 도심에 어떻게 차로 갈 수 있을까요?

Как _____ до центра?

3. 빨간 불에 건널목을 건너서는 안 돼요.

При красном свете улицу _____ нельзя.

4. 열쇠를 잃어버려서 문을 열 수가 없다.

Потерян ключ, и дверь _____ нельзя.

5. 그녀는 늦게 일어나는 습관을 버렸다.

Она отвыкла _____ поздно.

6. 시험에서 그는 문제를 푸는 데 성공했다.

На экзамене _____ удалось _____ все задачи.

7. 오늘 학생들의 졸업논문의 주제가 심사된다.

На кафедре сегодня _____ тема дипломной работы студентов.

8. 이 엽서는 다 판매될 것이다.

Эти открытки будут

9. 신문에 공장의 건축이 기한 전에 다 끝날 것이라고 쓰여 있다.

В газете пишут, что строительство завода будет досрочно.

10. 나는 휴가를 9월로 이월하기로 허가를 받았다.

Мне   перенести отпуск на сентябрь.

연습문제 정답

[1] 동사의 상의 일반적 개념

〈과정(진행)-완료〉

1.вымыла 2.пила 3.приготовила 4. выучил 5. выучил

6. учился 7. научился 8.написали 9. писали 10.написали

11. решал, решил 12. переводит 13.переводил

14. перевёл 15.буду читать 16. переведу 17. будут ужинать

18. поужинают 19. буду отдыхать 20.завтракали

〈반복-일회성〉

1. вставал, встал 2. пишет 3. отвечал, ответил 4. обедаете

5. покупаешь 6. завтракаем 7. связывается, свяжется 8. ужинал

9. осматривали 10. играл, сыграл 11.покупал, купил

12. брал, буду брать 13. звонила, позвонила

14. ложились, легли 15-16.приглашали, пригласили, пригласили

17-19. посылал, послал, рассказал 20.встречали, встретил

〈행위자체중심-결과중심〉

1. читали 2. будешь делать, буду читать, переводить

3. прочитаю, переведу 4. будем играть 5. буду смотреть

6. сдал 7. сдавал, сдал 8. рассказал 9. подготовился

10. прочитаю.

[2] 명령문에서의 상

1. Позвоните 2. Примите 3. Выпейте 4. Помогите 5.Вымойте

6. Пошлите 7. открывайте 8. говорите 9.пойте 10. берите

11. упади 12. забудь, забывай 13. Вставайте 14.пишите

15. Входите, раедевайтесь 16. Переписывайте 17. говорите

18. Ответьте 19.Отвечайте 20. Поднимайтесь

[3] 원형부정사 구문– 불완료상만, 완료상만 쓰는 경우

1. писать 2. повторять 3. решать 4. делать 5. объяснять

6. слушать 7. проверять 8. аплодировать 9. повторять

10. брать 11.звонить 12. курить 13. рассказывать 14. прочитать

15. купить 16. послать 17. сесть 18. учить 19. писать

20. выпускать

[4] 과거시제에서의 특수한 상의 의미
〈결과의 무효화–과거에서 지금까지 존재하는 행위〉

1. открывал 2. открыл 3. включал 4.включил 5. приносил

6. принёс 7. заболел 8. понравились

〈사전에 언급, 동의, 의도된 결과로서의 행위실행〉

9. смотрел 10. посмотрел 11. звонили 12. позвонили

13. принёс 14. купил 15. спел

[5] 반복상

1. проверял 2. проверил 3. перечитала 4. перечитывала

5. поцеловала 6. целовала 7. прочитал 8. прочитывал

9. подчеркнул 10. подчёркивал

[6] 중문, 복문에서의 상

1. смотрит 2. слушала 3. читать 4. слушали

5. разговаривал 6 кончился 7. отправила 8. увидели

9. отдохнули 10. возобновился 11. проверял 12.покупала, купила

13. будет готовить 14. стояла 15. вспоминали

[심층문제]

1. выходить 2. доехать 3. переходить 4. открыть

5. вставать 6. ему, решить 7. обсуждается 8. проданы

9. закончено 10. разрешено